護國四年

2019 2023

會做事的團隊，盼台灣成為幸福之地

蘇貞昌 feat. 行政團隊——口述
謝其濬——採訪撰文

目錄

推薦序

護國四年的足跡，累積成為台灣未來發展的根基

中華民國總統　蔡英文

「幾名從三樓走廊經過的學生，熱情地朝著下方的蘇貞昌揮手，口中還喊著『衝！衝！衝！』」書中的這一段，就是蘇貞昌院長給人最深刻印象，永遠衝勁十足。

時常，在我們的會議結束後，蘇院長會高舉起他的右手說，「總統，我要繼續來衝了！」

然後，總是踏著他一貫的大步伐，解決一道又一道的難關，協助我，讓國家一步一步前進，從他二〇一九年再次出任行政院長的一千四百七十八天以來，一直如此。

我相信，很多人是從媒體上認識蘇院長。媒體時常呈現他對事的雷厲風行，但鮮少人知道，蘇院長對人的溫暖摯誠。無論對人或對事，不變的，是他一輩子熾熱的理想，一輩

子為他摯愛的台灣打拚。

蘇院長從未忘記他收餿水、種豬菜，幫家人養豬貼補家用的兒時記憶。因此，在他上任的第一天，就衝向國門桃園機場視察防疫。

當初的嚴厲成就了現在的幸福。台灣不只守住非洲豬瘟防線，還終結了二十四年的口蹄疫抗戰。我們守住了兩千億養豬產業，餐桌上香噴噴的台灣滷肉飯，背後有著蘇院長的魄力。

蘇院長小時候愛爬樹，從當屏東縣長到台北縣長愛種樹。他大刀闊斧啟動屏鵝公路電纜地下化的計畫，原本十年的工程，半年就完成。

痛苦會過去，建設會留下。在我寫下這篇序的時候，杜蘇芮颱風剛離開台灣，但屏鵝公路沿線，沒有一戶停電。長達百里的屏鵝公路，當我們仰望國境之南的蔚藍天際，背後有著蘇院長的執行力。

蘇院長更沒有忘記當年那個年輕律師，站上軍事法庭，為美麗島事件辯護，衝破威權時代的勇氣。

二〇一九年婚姻平權法案表決前夕，蘇院長挺身而出，讓還在挫折低谷中的民進黨再勇敢了一次，台灣成為亞洲第一個婚姻平權的國家。

我們不但有引以為傲的民主，更向全世界宣告台灣的包容與多元。每個相愛的人都能共組家庭，背後有著蘇院長的勇氣。

我們都未曾想過，當年，他當行政院長、我當副院長時，所啟動的「共飲翡翠水計畫」；到了我當總統，他再次擔任院長時，成為台灣挺過百年大旱的契機。

無論是最好的時代，或是最壞的時代，黑暗會過去，黎明會到來。從二〇一八年執政面臨重大挫折，到一起挺過百年大疫，我對蘇院長充滿無限感激，他不只是「破風手」，也是「衝線手」，不只支持蔡英文，更是支撐台灣。

山、海、水、地、樹、人、能、糧，是蘇院長常掛在嘴邊的國家治理八大面向。這本書以十個主題講述的故事，是我們堅持的價值。像是完成了過去做不到的「班班有冷氣」，是落實均衡城鄉發展；像是「向山、向海致敬」，是讓我們回到山與海的懷抱，找回與台灣這塊土地的連結。

而這本書裡的故事，也是這些年大家共同努力的縮影。「做有入骨，才講欸出嘴」，我也要特別感謝蘇院長，貫徹了他的信念，透過這本書，把榮耀歸於基層，更多無名英雄為台灣付出的故事，可以讓更多人看見。

就像蘇院長常講的，「人生的劇本早已寫好，只是不能偷看，但要全力以赴。」我們

曾經是競爭對手，現在已是最佳戰友。

在台灣關鍵的歷史時刻，蘇院長從未缺席。蘇院長對台灣的付出，不只是「護國四年」，而是從政四十年的「護國衛民」。

而這「護國四年」，是執政團隊與台灣人民克服重重挑戰的足跡，也是國家實力與競爭力的累積，更是為台灣未來發展打下無可取代的根基。

這本書，刻畫了蘇院長為台灣全力拚搏的「一生懸命」，更描繪了四年來，一個團隊不負護國使命。而台灣的歷史，一定會為蘇院長寫下重要篇章。

或許，我卸任總統後，會有更多的時間與蘇院長結伴同行，看看這些年來，我們一起改變的台灣，一個更進步的台灣。

蔡英文

8.20.2023

自序

一個做事的團隊，完成一件又一件福國利民的事

蘇貞昌

這本書，不是在寫「蘇貞昌」一個人，而是在寫「一個團隊」，一個做事的團隊。包括我自己在內，沒有人會想到蔡英文總統會找我出任行政院長。總統第一次來，我沒答應。再來，我還是沒答應。但總統又來第三次。我們有一個共同的想法：「政府應該做得更好」、「我們不能就這樣讓中國和傾中勢力把台灣擊潰」。

感謝台灣，讓我全力以赴

我是一個答應就全力以赴，而且同一時間就只專注一件事，從不分心的人。

然而，現代的民主國家，國事必然千頭萬緒，政府團隊龐大、複雜，而台灣民智已開，

對政府的要求更多，更要快速而有效率，所以領導這個團隊非常不簡單。

這四年，我能全力以赴，最要感謝的是台灣。

我出生在國境之南的屏東，在貧窮中成長，但因為這個國家的教育栽培，我才能夠進到大學，通過國家律師考試。又因為台灣的民主選舉，我才能經由人民的支持，一步一步從台灣尾到台灣頭，從基層到中央，擁有從民意代表到行政首長的完整歷練。所以我最感謝這個國家、這塊土地的栽培和台灣人民的支持，窮畢生之力，我就是想要回報台灣，想為國家做事，為人民服務。我堅持進步價值，公平正義，希望為每一世代的台灣人創造只要努力就能成功的機會。

彼以國士待我，我以國士報之

再來，就要感謝蔡英文總統，她是國家領導人，行政院長的任、免，她有全權，全在她一念之間。二〇一八年的選舉，民進黨大敗，行政院長辭職，全黨危疑震撼，蔡總統要力挽狂瀾，讓政府再起的責任和決心，溢於言表，令人感動。

這四年，台灣面臨最困難的國際局勢，蔡總統卓然堅定，化危機為轉機，贏得最多的國際讚譽和支持。而在內政上，她全然放手予我，並全面尊重。

總統也是人，面對排山倒海的壓力，分化離間的讒言，紛擾不可耐的世事，她也會有情緒。但這四年她卻從未對我說過一句重話，連個不好看的臉色也沒有，這非常不容易。

當然，一生愛做事的我抱著「彼以國士待我，我以國士報之」的態度，把握回報國家、人民的機會，把一輩子的歷練盡展所學，全力以赴。

已難計數四年間不知有多少次，總統和我琢磨好了國家大事後也會談心事。她曾有感而發：「雙首長制沒什麼不好啊，你看，我們兩個把它發揮得淋漓盡致！」我答：「是妳有這個高度、有這個肚量放手，又剛好碰上我這個已經不想選舉、不做人情，還輩份夠又敢做壞人的人來做院長。」尤其談到起初外界不看好，認為「不出兩星期這兩個人很可能就會『打』起來」這一段，每每相視哈哈大笑！

我曾說：「總統的辛苦，院長最知道。」其實，院長的辛苦，也是總統最清楚。

辛苦了四年，我告訴蔡英文總統：「是時候了，我該下台走人了。」她不同意，一再說：「我心中是你該和我同進退。」我答以：「政治的歷練很重要，我已經寫下紀錄了。最後一年，你也該給別人一些機會磨練和表現。」

四年來，也許無法每一件事都盡善盡美，但我拚盡全力保護台灣，我真的感到既感激，又滿足。

團結有力、一路力挺的立法院夥伴

總統的想法、政見，要靠行政院用政策來實現，而行政院的政策，要經立法院通過法案、預算才能執行。這四年，能夠做這麼多的事，我非常感謝立法院民進黨團的夥伴，團結有力的通過行政院提出的各項法案、預算，還為行政院的政策辯護相挺。他們有選票壓力，有時候甚至要面對自己選舉的「生」、「死」關頭（譬如同婚法案），但他們仍然力挺。

我要深深感謝這些立委，尤其是黨團總召柯建銘，我特別佩服、感激。柯總召有過人的記憶力，又特別用功，幾乎全天候、全時間在立法院。他嫻熟議事攻防，尤其是不憂讒畏譏，還能忍辱負重，耐磨協商，才能運籌帷幄，合眾人之力為力。讓行政院能夠做這麼多的事，真的要感謝立法院、感謝民進黨團、感謝柯建銘總召。

堅持價值、一起勇敢的執政團隊

行政院是國家最高行政機關，分分秒秒都在做事，四年下來，執行完成的任務不可勝數，從附錄二的大事紀也只能略見一、二。我特別感謝行政團隊的全體同仁，他們都是學有專精，依法任用，正因為有這麼多的同仁在全國各領域堅守崗位、夜以繼日的克盡職責，國家才能穩定進步。我爸爸一輩子是最基層的公務員，媽媽是小學老師，我最知道他們的

辛苦。所以，這四年我都把握機會，向各領域的基層人員致敬，為他們敘獎、加薪、增福利。如果有機會都儘量提拔、任用久任其職、表現好的人員。

這本書限於篇幅，只能挑選十個主題，來講述這個團隊在四年間的故事。

像是因為執政團隊能夠堅持價值、一起勇敢，台灣最終才能成為亞洲第一個婚姻平權的國家；因為防疫團隊緊密合作、人民配合，我們才能阻隔非洲豬瘟進入台灣，也在全球的新冠病毒防疫表現受世界肯定；因為超前布署，讓桃竹送水幹管提前完工，眾人又發揮智慧開發水源，讓台灣度過百年大旱，也拯救了台灣和全球的半導體產業鏈；因為政府和民間通力合作，用對方法，「化不可能為可能」，在最短時間內完成班班有冷氣、生生用平板、全新的偏鄉營養午餐中央廚房；還忍短痛、免長痛，用半年完成一條全線電纜地下化和綠樹成行的屏鵝公路；因為防疫做好、經濟顧好、國家財政更穩健，才能從育兒到長照，從租屋補貼、不孕症補助，到全國生活圈通勤月票，政府各項福利都是史上最高。

拚全力讓台灣成為自信、自在、幸福的國度

我要藉此向一起共事、走過這四年奮鬥的全體夥伴，表達我心中最高的敬意和說不盡的感謝。也要向國人同胞報告，我們這個團隊是怎麼勇敢的面對挑戰、快速回應、齊心合

力的克服困難，甚至突破、創新，完成了一件又一件福國利民的事情。希望把這個過程和我們所用的方法、態度，留下歷史紀錄。

台灣雖然小，但我們的志氣不小。台灣有壯麗的高山、面對著廣闊的大海，也有辛勤奮發的人民和自由不羈的創意。只要我們一起用心、努力，一定能讓台灣成為一個人民自信、自在、幸福生活的國度。

蘇貞昌

2023.8.21.

序幕

承接重任，逆風起航

謝票的車隊在寒風細雨中緩緩前進。蘇貞昌穿著透明的塑膠雨衣，站在紅色吉普車上，看著溼淋淋的街道，從前方逶迤展開。他身子站得很挺，拱著手，向沿路的支持者答謝。

車隊來到永和中山路口。一名穿著黃雨衣的單車騎士，看到蘇貞昌，眼淚就掉了下來。他加快速度，追了三條街，追到了吉普車旁。他想說話，卻泣不成聲，只能用手抹去臉上交織的雨水和淚水。

蘇貞昌彎下身，拍了拍騎士的肩，輕輕說聲：「真歹勢。」（台語：「真不好意思。」）

二十多年前，蘇貞昌選上台北縣長，任內讓台北縣脫胎換骨，還成為全國施政滿意度最高的「五顆星縣長」。但幾天前，他成了敗軍之將。二〇一八年的地方首長大選，參選

2018 年底競選新北市長失利，選後連續五天，蘇貞昌在細雨中穿梭每一個鄉、鎮、市謝票，過程中不忘安慰傷心的民眾，被網友譽為「謝票典範」

新北市長的蘇貞昌，以二十九萬票的差距，輸給了國民黨的侯友宜。不只是他，整個民進黨都在這場選舉中遭到重創。

失敗的苦果難嚥。然而，蘇貞昌只花了一天沉澱，就展開謝票行程。他決定自己走遍每個鄉鎮，向這塊他深愛的土地好好告別，也為他的政治生涯做一個總結。蘇貞昌用五天的時間，走遍新北市各區。

在台灣選舉史上，從未有敗軍之將這樣謝票。

謝票之旅的尾聲，回到了位於板橋的競選總部。路旁滿滿的人群等待著他，除了支持的民眾，還有

謝票行程結束，總統蔡英文與當時的總統府祕書長陳菊，在路邊迎接蘇貞昌，隨後數日，在蔡總統不斷邀請下，蘇貞昌答應出任行政院長。

總統蔡英文、總統府祕書長陳菊。她們前來感謝蘇貞昌為這場選戰的付出。當時沒人想到，沒多久，蔡總統就再次前來會見蘇貞昌，提出了一份工作的邀請。

原來，當時的行政院長賴清德為敗選負責而請辭。蔡總統希望蘇貞昌能夠臨危承接重任，出任行政院長，領導內閣團隊。

蘇貞昌常說：「人生的劇本早已寫好，只是不能偷看，但要全力以赴。」接下來，他要與蔡英文總統一起守護這個國家四年。

不會有人想到，他會成為台灣歷史上第一個由不同民選總統任命、兩次出任的行政院長，也是台灣總統民選後任期最長的行政院院長。

二度擔任行政院長

蘇貞昌，一九四七年出生，屏東人，在加入美麗島事件辯護律師團後，展開從政生涯。

他是民進黨的戰將，當過台灣省議會議員、屏東縣縣長、立法委員、台北縣縣長，也曾在陳水扁執政時，二〇〇六年到二〇〇七年間，擔任行政院長。二〇一〇年，他參選台北市市長，敗給了國民黨的郝龍斌。時隔八年，他重披戰袍，回到曾經執政的新北市，再度敗選。

態度・堅持

> 蘇貞昌常說：「人生的劇本早已寫好，只是不能偷看，但要全力以赴。」接下來，他要與蔡英文總統一起守護這個國家四年。

此時，蘇貞昌已年過七十。身為從基層草根崛起的政治人物，他見證了台灣從威權走向了民主。經歷過大大小小選戰的洗禮，這位戰將身上掛滿勳章，也布滿傷痕。兩次敗選，暗示了時代的新舊交替，已悄悄拉開序幕。

子弟兵吳秉叡、張宏陸與女兒蘇巧慧都已經在新時代走上政治舞台，在立法院站穩一席之地。他順勢退休，從此含飴弄孫，安養天年，人生也算是圓滿。

行政院長一職的邀請，為蘇貞昌選後的打算，投下了變數。

他當過行政院長，知道這是個長滿荊棘的「鐵王座」。他必須戰戰兢兢，隨時站在火線上，一點失誤，就會萬箭穿心。況且，二〇二〇年的總統、立委大選轉眼將至，行政院長如果扛不住，民進黨的未來也會跟著賠進去。

蘇貞昌找來自己最核心的幕僚群，想聽聽他們的意見。現場多數人反對。好幾位幕僚深感不平，「每當黨有危難，就要蘇貞昌出來承擔重任。」也有人認為，「既然民眾已經用選票表達了態度，期待新一代的政治人物，該是退下舞台的時候了。」

只有吳秉叡建議蘇貞昌，該接下行政院長一職：「現在正是民進黨生死存亡之際，如果臨危不救，歷史會怎麼評斷蘇貞昌？」

2020 年 5 月，蔡英文總統連任後邀請蘇貞昌續任閣揆時表示：「能夠有這樣一位護國院長，實在是台灣的福氣。」
（照片來源：總統府）

終究，他選擇背水一戰，二度擔任行政院長。和他搭檔的副院長是高雄敗選的陳其邁，內閣中的交通部長是台中敗選的林佳龍，這樣的組合遭到在野黨嘲諷是「敗選者聯盟」。

這些冷言冷語，蘇貞昌不以為意。他現在是國家內政的掌舵者，他的時間和心思，必須放在國家大事上。即使在逆風中起航，他也要把握機會，與蔡英文總統攜手，好好為台灣做點事。

沒多久，挑戰便接踵而至。

第一部

有一種價值，值得固執

第一章

婚姻平權
選舉可以輸，價值不能退

二〇一八年大敗，反對同婚的一方更以懸殊比例贏得公投，
蔡總統跟蘇貞昌帶領的執政團隊，
卻冒著丟掉大批選票、失去政權的巨大風險，
繼續支持同性婚姻，
對價值的堅持，超越了對選舉勝負的考量。

選舉已經結束了好幾天，四處高掛的反同布條，還沒有完全撤去。走在街道上，「民進黨推同婚，讓台灣絕子絕孫」、「ㄟ害！民進黨支持同婚！阮想要抱孫！」、「乎香火延續，子孫代代傳」等煽動性文宣，仍不時躍入眼簾。

二〇一八年底，台灣縣市長選舉，民進黨大敗。跟大選綁在一起的同婚公投（第十案「你是否同意，民法婚姻規定應限定在一男一女的結合」），結果也是怵目驚心，反同勢力完全輾壓挺同的一方：同意票（指反同婚）有七百六十五萬八千多票，不同意票（指支持同婚）則是二百九十萬七千多票。

七比三，挺同婚者看著慘不忍睹的票數，心掉進了冰冷的海底。

挺同婚、反同婚的角力戰

同婚議題，要回溯到二〇一五年，同運人士祁家威提出同性結婚釋憲。二〇一七年五月二十四日，司法院公告大法官做成的「釋字第七四八號」解釋，宣布現行民法沒有保障同性婚姻已屬違憲。為了保障同性婚姻的權利，要求有關機關應於解釋公布之日起兩年內完成相關法律的修正或制定。

因為大法官會議已做出明確解釋，同性婚姻合法，已是勢在必行，但仍引發了挺同婚、

2018 年縣市長大選前，全國大街小巷出現許多反同婚的選舉宣傳布條，內容大多為通過同婚專法後，台灣將會「絕子絕孫」、「香火無法延續」等。同婚專法通過後，2020 年總統、立委選戰時，反同布條再次四處高掛，讓民進黨立委壓力頗大。網友也特別蒐集各種布條的照片放置於網路上，希望民眾不要被這些荒謬言論影響。

（圖片來源：https://reurl.cc/o7Nk93）

反同婚兩派人馬的大戰。前者主張，婚姻是一種「人權」，不論結婚對象的性別，都應該獲得保障；後者堅持，只有一男一女才能「結婚」，放任同性結婚，便是違逆倫常。

民進黨的政治工作者比較年輕、開放，他們從平權角度看待同婚，整個黨也傾向挺同婚。六年級生、曾經陪著蘇貞昌打新北市長選戰的幕僚丁怡銘坦言：「我們身邊有很多同志朋友，為他們爭取權益，是理所當然的事。」

然而，二〇一八年選舉大敗，對民進黨是一記警鐘。選舉結果清楚向各政黨傳遞一個訊息：挺同婚，會敗票。

選票是民選政治人物的權力基礎。如果來自保守選區，即使你本人挺同婚，在表態前恐怕還是得先想想選票。另外，不分政黨，背後都有宗教團體的支持，不少是態度激烈的

態度・堅持

「宗教團體領袖來訪，要求蘇貞昌「反對多元成家法案」，蘇貞昌一口回絕：「同性的愛情天生自然，沒有理由反對他們。」」

反同團體，政治人物飽受壓力，就更難站出來挺同婚。

政治很現實，沒有足夠的選票，所有的願景都成泡影。大選慘敗後，民進黨士氣低落，對於接下來的總統、立委選舉，黨內很不樂觀，認為「能救幾席是幾席」。低氣壓之下，挺同婚的聲音也小了。

至於蘇貞昌，自始至終，態度都很明確：「同性相戀也是天生自然，人生而平等，不應該欺負人！」

挺同志婚姻，蘇貞昌從未退縮

二〇一八年大選前夕，蘇貞昌在同志大遊行當天，為了表示支持，在臉書換上了彩虹頭貼。網路上有不少不曾接觸過蘇貞昌的網友，質疑他是在「騙票」。網友一片嘲諷聲中，在金馬獎、金鐘獎、金曲獎都擔任過司儀的知名配音員賈培德，曾經發文替蘇貞昌講話。

賈培德在臉書中表示，他接觸蘇貞昌是在二〇一〇年台北市長選舉時，當時他們聊了很多，也談了些在台北市能做的政策，還帶蘇貞昌去紅樓認識了同志商家。

當年，蘇貞昌還想進一步參加同志遊行，後來因為主辦遊行的聯盟臨時變卦而

作罷。「沒想到兩年後，二〇一二年，他主動公開發言，支持同志婚姻合法化。那時沒有選舉，那也是台灣歷史上第一個主要政黨的黨主席公開支持同志婚姻。」

賈培德還轉貼了一則二〇一三年的新聞，標題是「宗教團體拜會，蘇貞昌挺同性婚姻」。當年蘇貞昌仍有意參選總統，宗教團體的支持非常重要。宗教團體領袖來訪，要求蘇貞昌出來發聲「反對多元成家法案」，但蘇貞昌一口回絕：「同性的愛情天生自然，沒有理由反對他們。」

賈培德說：「在我的理解裡，蘇貞昌對於同志的友善與支持，與這些年來的紛擾與風向都無關，已經穩定持續了八年。」「看他這麼多年來都努力地想站在我們身邊，若還只是被同志當作騙票，這不公平。」

很多人帶著偏見看蘇貞昌，認為他年紀大，必然是個觀念傳統、思想保守的政治人物。事實上，蘇貞昌愛看書、會追劇，喜歡以開放心態去理解新的事物。但沒有改變的，是蘇貞昌仍保持當初擔任美麗島辯護律師的初心：捍衛公平、正義的價值。在他眼中，同志或許是社會上的少數，但是這並不代表他們就該被剝奪結婚的權利。

蘇貞昌挺同婚，因為他相信，堅持公平、正義，台灣才能向前邁進。

NEW TAIPEI
新新北 一起幸福
蘇貞昌
2018年10月27日 ·
願這座城市，凡有情人
男男女女，終成眷屬
#Pride

蘇貞昌在 2018 年新北市長選戰中，在臉書換上象徵婚姻平權的彩虹，並寫上「男男女女，終成眷屬」。當時曾被攻擊「騙票」，但蘇貞昌用行動證明，他堅持理念，也全力與社會溝通，最終成為台灣婚姻平權的關鍵推手。

集思廣義，專法名稱出爐

「司法院釋字第七四八號解釋」要求，兩年內必須完成同性結婚的立法或修法。如果期限屆至，仍未立法或修法，同志就可以比照異性婚，要求辦理結婚登記。

然而，民法並沒有同性結婚的規定，戶籍法也沒有相關的設計，戶政事務所辦理登記的公務員無所依據，連登記表格都付之闕如。一旦同志開始辦理結婚登記，勢必引起混亂。

二〇一八年的同婚公投結果，斷絕了修改民法的可能性，只能從另立專法來處理。蘇貞昌是二〇一九年一月十四日上任，距離五月二十四日的立法期限，只剩短短幾個月。

眼看同婚專法草案的期程已經迫在眉睫，府、院、黨還苦思專法的名稱。如果叫「伴侶法」，恐有違憲之虞，若是稱為「同性結婚法」，反同團體勢必跳腳。各界建議不同版本的專法名稱，都難以取得社會共識。

某天下午，時為行政院副院長陳其邁、代理總統府祕書長劉建忻，以及陳其邁的辦公室主任李懷仁，在會議中討論專法名稱。

眾人試擬出各種名稱的排列組合，討論、琢磨如何巧妙避開敏感字眼，但都被推翻。最後，劉建忻靈光一閃，想到曾經有幕僚在為國際公約國內法化進行命名時，提出「公民與政治權利國際公約及經濟社會文化權利國際公約施行法」（簡稱為「兩公約施行法」）。

“ 態度・堅持

同婚專法草案表決前一天，蘇貞昌向立委喊話：「未來，當子孫問起，你是要驕傲的告訴他們，雖然壓力很大，但你扛下來了，投下關鍵的一票；還是你要承認，在那關鍵的歷史時刻，你缺席了？」”

劉建忻提出沿用「施行法」的概念，可以將同性結婚的專法，命名為「司法院釋字第七四八號解釋施行法」。三人經過討論後，認為這個名稱值得一試，於是向蘇貞昌回報。蘇貞昌召集幕僚及法務部長蔡清祥聽完名稱與相關分析，也覺得名稱中性，有可能是各方最能接受的版本。

蘇貞昌也授權幕僚，將草案名稱透過非正式管道，提供挺同、反同兩方主要團體領導者，了解他們接受的程度。當時，李懷仁私下跟挺同婚團體領導人之一呂欣潔保持密切溝通，獲得了「法案名稱中性，可以接受」的回應。

最終，由蘇貞昌拍板定案，二〇一九年二月二十一日在行政院會中提出並通過的法案名稱，就叫「司法院釋字第七四八號解釋施行法」。

台版「人權宣言」

即使如此，反同團體仍然大力杯葛。當行政院版的同婚專法出爐後，二〇一八年選舉期間，曾被反同婚團體大量散發的影片和謠言，再次鋪天蓋地而出：「一旦同性可以結婚，爸爸媽媽就不見了，爺爺奶奶也會消失」、「以後叫爸爸媽媽會違法，只能叫雙親一、雙親二」。

同婚專法定名為較中性的「司法院釋字第748號解釋施行法」，並將提到2019年2月21日的行政院會通過，蘇貞昌在前一天親自寫下講稿，並錄製談話影片，呼籲國人同胞包容的接受不同，友善的對待彼此。

蘇貞昌的立場始終堅定。他自己寫下講稿，並在臉書上貼出一段三分鐘的談話影片，承認自己小時候也曾因為不了解而害怕、排斥同性戀，如今他已認識，異性戀不會因為教導成為同性戀，同性戀也無法透過治療成為異性戀。

他強調，行政院做為全國最高行政機關，必須依法行政。因為尊重公投結果，不會修改民法，民法關於婚姻的規定，完整不動；因為尊重等同憲法效力的大法官會議解釋，必須使相同性別的兩人，獲得婚姻

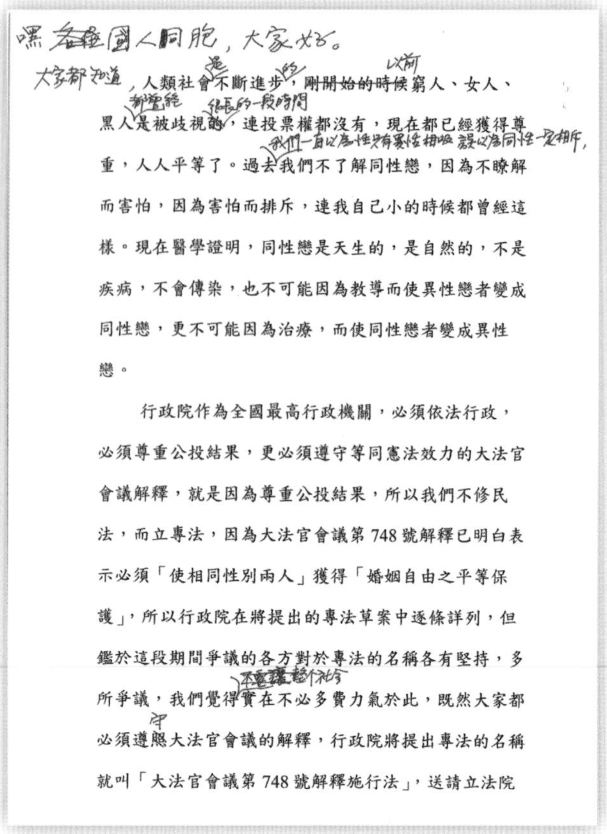

嘿 ~~各位~~國人同胞，大家好。

大家都知道，人類社會是不斷進步，~~剛開始的時候~~以前窮人、女人、黑人都曾經是被歧視很長的一段時間，連投票權都沒有，現在都已經獲得尊重，人人平等了。過去我們不了解同性戀，因為不瞭解而害怕，因為害怕而排斥，連我自己小的時候都曾經這樣。現在醫學證明，同性戀是天生的，是自然的，不是疾病，不會傳染，也不可能因為教導而使異性戀者變成同性戀，更不可能因為治療，而使同性戀者變成異性戀。

行政院作為全國最高行政機關，必須依法行政，必須尊重公投結果，更必須遵守等同憲法效力的大法官會議解釋，就是因為尊重公投結果，所以我們不修民法，而立專法，因為大法官會議第 748 號解釋已明白表示必須「使相同性別兩人」獲得「婚姻自由之平等保護」，所以行政院在將提出的專法草案中逐條詳列，但鑑於這段期間爭議的各方對於專法的名稱各有堅持，多所爭議，我們覺得實在不必多費力氣於此，既然大家都必須遵照大法官會議的解釋，行政院將提出專法的名稱就叫「大法官會議第 748 號解釋施行法」，送請立法院

蘇貞昌親自寫下的講稿內容動之以情，說之以理，被許多網友稱為台灣版的「人權宣言」。

自由的平等保護。因此，行政院必須提出專法草案，平等保護同性的婚姻自由。

蘇貞昌在影片中懇切的呼籲國人同胞：「無論你是同性戀或異性戀，我們都同樣生在這塊土地上，都處於同一個天地之間，我們都是同一國的，我由衷地期待大家，包容的接受不同，友善的對待彼此，讓台灣成為一個互相尊重、彼此和善的國家。」

字字感情真摯、鏗鏘有力，被稱為台灣版的「人權宣言」。

蘇貞昌一聲拍桌，拍出府院黨的決心

每個星期三中午，在總統官邸有個固定的會議，成員包括：總統、副總統、行政院長、副院長、祕書長、立法院長、副院長、立法院民進黨團總召、總統府祕書長、民進黨祕書長等府、院、黨領袖。

從二〇一八年成為公投案後，在府、院、黨巨頭會議上，「同婚」這個議題不知已經討論、推敲過多少次。蘇貞昌上任後，也不例外。

隨著大法官釋字第七四八號解釋要求的期限一天天逼近，這個會議上的參與者，每個人都非常清楚社會的氛圍、政治的利害，以及後果的嚴重。

不過，討論意見可以紛歧，氣氛可以焦躁，最後必須提出法案的工作，還是落在行政院、在行政院長的身上。

期限屆至兩週前的巨頭會議上，蘇貞昌好不容易說服眾人往行政院版的方向定案。然而，愈到最後關頭，各方角力、壓力愈是加劇。尤其是在第一線操兵的柯建銘，必須負責黨團立法委員一致投票，面對各方遊說團體及黨團成員不同的立場、想法和態度，壓力和痛苦可想而知。甚至還有立法委員直接向他表明，不想出席投票。

最後一個星期，星期五，五月十七日，專法就要在立法院進行表決。五月十五日星期

三的巨頭會議上，為了提高法案通過的機率，柯建銘試著把前一個星期已經說好的定案，提出修改成「B案」，看看可不可以更容易動員出席。

立法院長蘇嘉全看到有「B案」，緊接著說：「我建議用C案試試看。」

他們提出的修正版本建議，把同婚專法草案第二條的「同性婚姻」拿掉，第四條的「由雙方當事人向戶政機關為登記」，則修改成「配偶登記」或「伴侶登記」。

眼見上週好不容易達成的共識又要破局，蘇貞昌當下拍桌大喝：「現在退，兩面都不討好，兩面不是人！」

蘇貞昌了解黨內同志所承受的壓力，但是一旦拿掉了「婚姻」兩個字，就否定了結婚是不分性別的人權，不但婚姻平權的意義盡失，與大法官會議解釋意旨不符，更不會為同志族群接受，而且無助爭取反同婚陣營的認同。

緊迫盯人，算票算到最後一刻

再三協調下，眾人終於找出折衷之道。在修正動議中，刪除草案第二條中「同性婚姻」四個字，減輕選區立委的壓力來源，但在第四條中把「登記」改成「結婚登記」，一增一

減之間，仍承認同性伴侶擁有「婚姻」的平等權利。

即使如此，立法院表決時，立委必須將票投出來，同婚專法才有通過的機會。於是，柯建銘、陳其邁以及行政院副祕書長何佩珊，對於民進黨籍立委展開人盯人的動員，他們要負責估算到底會有多少張贊成票。何佩珊回憶，即使是比較樂觀的估算，確定的贊成票仍只有三十一張。

此時，黨團還有派系幹部提議，不要追求以絕對多數（過半數贊成），改採以簡單多數（只要贊成比反對至少多一票），來推過同婚專法。

然而，蘇貞昌持反對態度。他認為，這是攸關台灣人權發展關鍵的重要法案，如果只用簡單多數通過，反對方勢必不服，未來會尋求翻案，反而留下後遺症，讓社會陷入更長時間的相互爭吵與對立。因此他要求老戰友柯建銘，務必要用絕對多數推動同婚專法三讀。

收到估票回報的蔡英文總統跟蘇貞昌都知道，這一仗已經超越選舉的勝敗，而是民進黨價值路線的堅持。在最後關頭，必須穩住民進黨立委的信心，堅持理念。

因此，府、院、黨當時下達最後複式動員令，各派系也要穩住自家的立委。陳其邁幾乎將所有黨籍立委的電話都打了一輪，蘇貞昌也親自致電多位立委，要求他們當天務必出席支持。

2019 年 5 月 16 日，同婚法案表決前一天，蘇貞昌在行政院說服同黨立委，一席談話讓許多立委感動落淚，但面對大選的不確定性，也有許多立委更加焦慮。

關鍵的一席演講，凝聚關鍵的投票

五月十六日，星期四，投票前一天。

行政院依例召開「行政、立法協調會報」，這是重大法案表決前對黨內的說服戰。

平時，這樣的協調會報，都是由行政院副院長陳其邁出面跟黨籍立委溝通。然而，蘇貞昌知道，區域立委有選票的考量，要他們站出來挺同婚，十分為難。這一次，蘇貞昌決定親自壓陣。

在多頭動員下，民進黨團的立委差不多到齊了。眾人壓力寫在臉上，心情無比沉重。有好幾位立委根本坐不下來。某位南部重量級立委就在會議室後方來回踱步，嘆氣連連：「唉，我知道是價值啦！火車要撞壁了！火車要撞山

態度・堅持

在重大法案表決前對黨內的說服戰中，蘇貞昌大聲疾呼：「歷史往往就是需要在這樣的關鍵時刻，有人願意站出來，奮力向前推動！」

壁了……」

蘇貞昌現身。他從自己參與美麗島事件軍法大審判說起。當年他才三十三歲、長女蘇巧慧四歲，全國戒嚴，白色恐怖氣氛下，被抓的黃信介、林義雄、陳菊、姚嘉文……等，都是以「懲治叛亂條例」的叛亂罪唯一死刑起訴。國民黨放話：「誰敢為叛徒辯護，誰就是叛徒的同路人！」

當年，全台灣有上千名律師，卻只有十五位願意站上軍事法庭。就像民進黨創黨時，因為要冒著被殺、被關的風險，願意簽名的人很少。就那麼少數的幾個人，後來掀起了澎湃洶湧的民主浪潮，衝破戒嚴、黨禁、報禁……。

「歷史往往就是需要在這樣的關鍵時刻，有人願意站出來，奮力向前推動！」蘇貞昌大聲疾呼。

在場的民進黨立委邱議瑩，父親邱茂男是美麗島事件受難者，也是民進黨創黨元老之一，而蘇貞昌就是他的辯護律師。蘇貞昌說：「當年一群暴徒拿著斧頭衝進邱茂男他家，搗毀一切時，邱議瑩的父親人在黑牢，邱議瑩才八歲！」

蘇貞昌話音未落，邱議瑩已經飆淚大哭。立委張廖萬堅在戒嚴時代是記者，頓時也淚流滿面，多數立委為此動容。

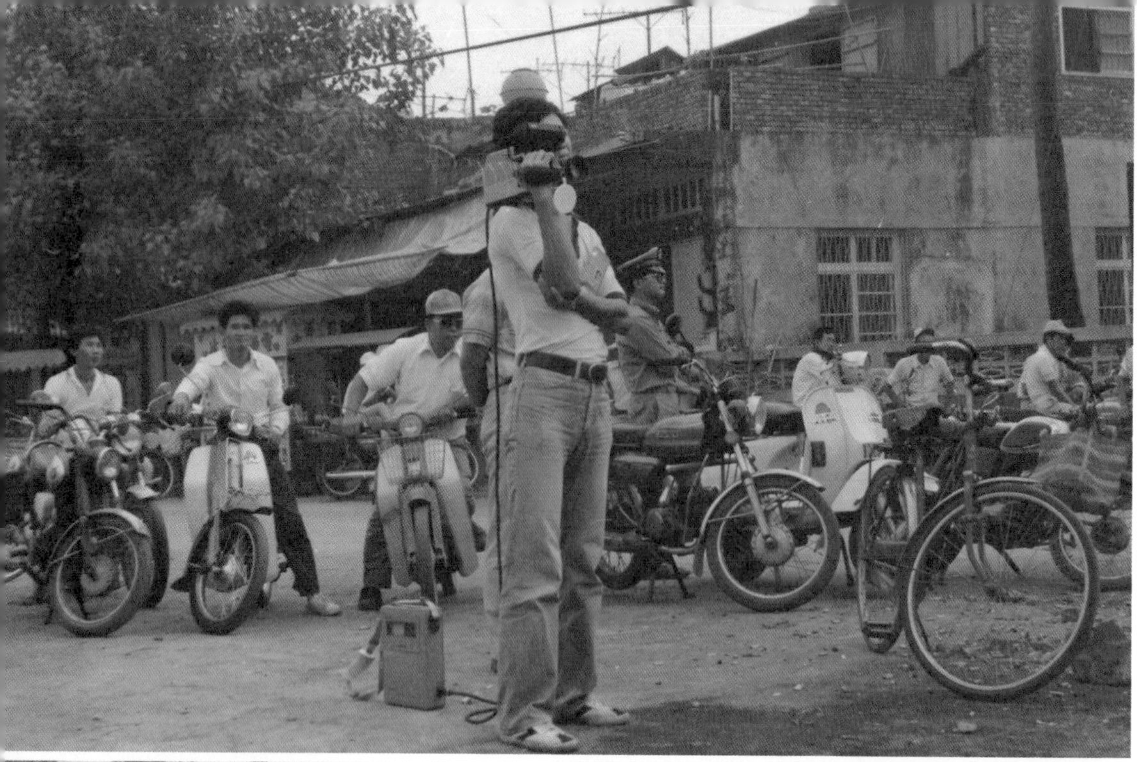

在威權時代的競選演講場，會有警總人員在一旁蒐證。蘇貞昌的競選活動雖然吸引民眾聚集，但都躲遠遠的，反而是天真無邪的小孩聚在台下。

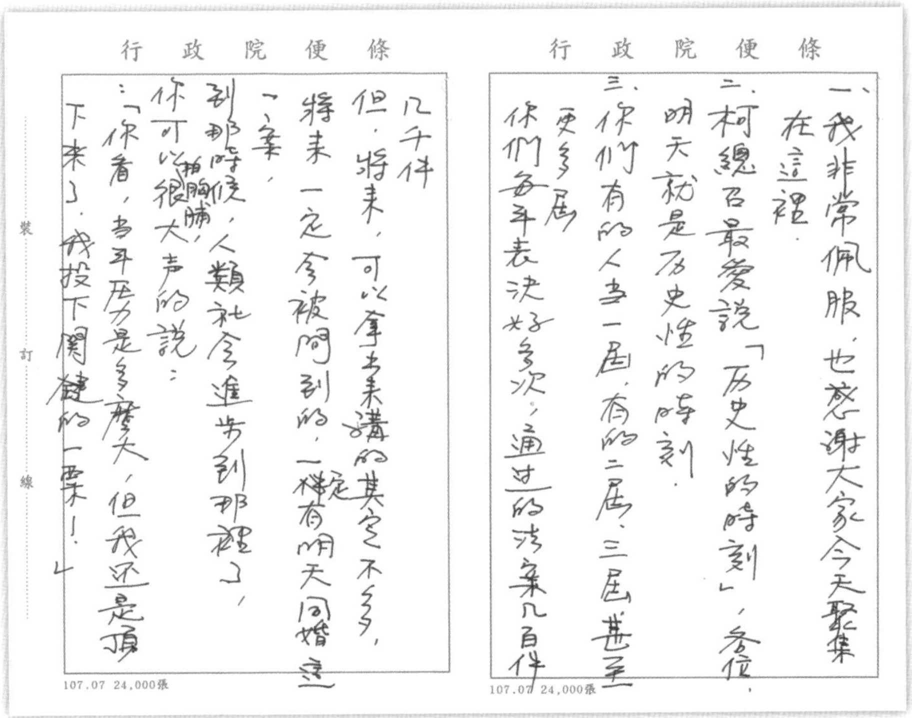

行政院便條

一、我非常佩服，也感謝大家今天聚集在這裡。

二、柯總召最愛說「历史性的時刻」，各位，明天就是历史性的時刻。

三、你們有的人当一屆，有的二屆、三屆甚至更多屆，你們每年表決好多次，通过的法案几百件

行政院便條

几千件，但，將來，可以拿出來講的其实不多，將來一定会被問到的，一樣有明天同婚這一案，到那時候，人類社會進步到那裡了，你可以拍胸脯，很大声的說：「你看，当年压力是多麼大，但我还是頂下來了，我投下關鍵的一票！」

蘇貞昌親自寫下準備説服同黨立委們的講稿，籲請立委們在歷史性的時刻，投下讓台灣社會再向前進一步的關鍵票。

蘇貞昌鼓勵大家：「你當立委已經一屆、二屆、三屆，甚至更多屆。你在立法院通過的法案，成千上百，但未來你一定會被問到，最有歷史代表意義的案子是哪件？明天要表決的同婚案，一定是其中很重要的一件。未來，當子孫問起，你是要驕傲的告訴他們，雖然壓力很大，但你扛下來了，投下關鍵的一票，還是你要承認，在那關鍵的歷史時刻，你缺席了？」

「請大家明天勇敢的站

在一起，在這歷史性的關鍵時刻，投下關鍵的一票，讓台灣社會再向前一步。歷史一定會記住你，大家一定會感謝你，我也在這裡深深感謝拜託。」語畢，蘇貞昌深深鞠躬。

為了說服立委支持行政院版本的草案，蘇貞昌和團隊可以說是卯足全力，最後的結果，就看黨籍立委能否扛得起龐大壓力，站出來投下關鍵的一票。

立法院內外的正反方對峙

五月十七日。這天，剛好是「國際不再恐同日」。

一大早，人群陸續往立法院附近的青島東路聚集，一個接著一個，愈來愈多，人數估計超過三萬。人群中有很多年輕的臉龐，他們拉開了彩虹旗，高舉著「Love is Love」的牌子，臉上有期待，也有憂慮。他們知道，這天在立法院，將有一場攸關他們幸福的表決。

烏雲包圍著天空，雨開始落下。

立法院內，也是山雨欲來之勢。除了行政院提的同婚專法草案，反同婚的賴士葆、林岱樺也各自提出了他們的版本，把同性婚姻降級為「同性家屬」或「同性結合」。婚姻平權是蔡英文總統的重要政見，也是彰顯人權價值的重要法案，這場表決，民進黨不能輸。

即使前一天的協調會報中，蘇貞昌再三呼籲要「團進團出」，但依據估票回報，贊成

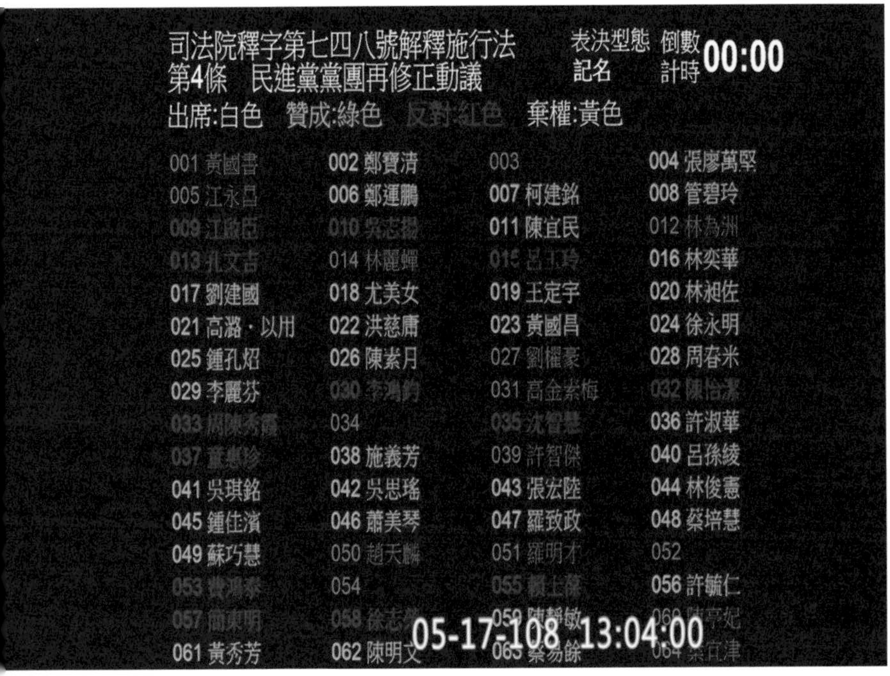

票仍只有四十三票，還有立委私下預告：「我明天會肚子痛。」讓行政院團隊繃緊了神經。民進黨黨團總召柯建銘也說：「這是我看過最爭議的法案。其他類型的立法可以經由科學證據加以辯證，但這個法案觸及人的宗教、價值觀與信念。」

立委輪流站上議事堂發言，挺同婚、反同婚兩派各述己見後，最後還是要回到投票的民主機制。

民進黨團總召柯建銘嫻熟議事、指揮得宜，前一天就在議場外輪班卡位，搶先遞案，確保院會時能優先表決民進黨團的再修正動議版本，搶得先機。

依據立法院的投票機制，一部新法案，從「法案名稱」到每一條條文，都要逐案

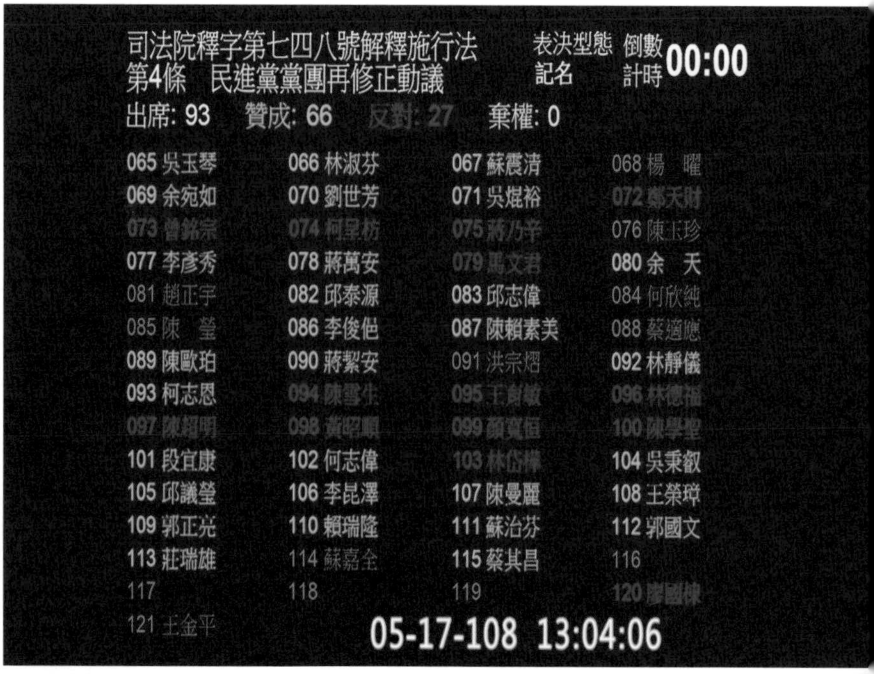

民進黨絕大多數立委克服選區和各種保守團體的壓力，在關鍵的第四條「婚姻登記」中投下贊成票，在當時一片恐同與反同的社會氛圍下，要感謝這些投下贊成票的的立委們勇敢站了出來。

表決，逐條表決。第一次表決最為重要，不僅關係到整個氣勢，更關係到民進黨的動員是否成功，大家是否團結、態度是否一致。

當過立法委員的蘇貞昌深知，如果第一次表決就有人跑票，只是以些微票數勝出，那緊接著下來的投票一定愈跑愈多，民進黨就潰不成軍了。

亞洲第一個婚姻平權的國家，誕生！

上午十一點四十八分，表決鈴聲響起。要按下表決鍵的每一個立委，心中其實都忐忑不安，眼神多左顧右盼、偷偷的瞄著旁邊的人是什麼態度。

首輪表決是針對法案名稱。記票的鈴

聽聞同婚專法三讀通過，立法院外的年輕人歡呼落淚。

聲停止，立法院的表決板上現出票數：「出席九十五人，贊成六十八人，反對二十七人，棄權〇人」。當場民進黨立委座位區塊現出巨大歡呼聲，民進黨立委心中鬆了一口氣：「萬幸！沒人跑票！」

到了法案第二條條文：「相同性別之兩人，得為經營共同生活之目的，成立具有親密性及排他性之永久結合關係。」表決結果也順利通過：「出席九十七人、贊成七十五人、反對二十二人、棄權〇人」，贊成票數又增加了。

到了最關鍵的第四條，修正版本為「成立第二條關係應以書面為之，有二人以上證人之簽名，並應由雙方當事人，依司法院釋字第七四八號解釋之意旨及本法，向戶政機關辦理結婚登記。」，表決結果：「出席九十三人、贊成六十六人、反對二十七人、棄權〇人」。民進黨立委共五十四人支持，時代力量五名立委也全數支持，連國民黨也有七名立委投下贊成票。

第四條表決一過，院內民進黨立委歡聲雷動。青島東路天橋下，在雨中聚集的逾三萬挺同夥伴，更是響起震天的歡呼聲：「過了！」、「過了！」眾人相擁而泣。

「院外的歡呼聲，在立法院議場聽得一清二楚，」立委蘇巧慧回憶，她和尤美女、吳思瑤等民進黨立委到場外跟民眾揮手致意時，也是淚流不止。

歷經四個多小時的逐條表決後，下午三點二十七分，立法院長蘇嘉全敲下議事槌，正式宣告關乎同志婚姻權益的「司法院釋字第七四八號解釋施行法」三讀通過，台灣成為亞洲第一個同性婚姻合法化的國家。

雖然通過的是專法，但是不少條文都是準用民法。因此，包括財產、監護、撫養、繼承等多數法律權益，都與異性婚姻無異。

立法院外，眾人在雨中耐心等待到最後一條條文通過。聲援同婚的人潮擠滿了中山南路和青島東路。午後，當好消息傳來，群眾興奮相擁，身上滿是雨水、淚水。雨已經停了，陽光穿透雲層，照亮人們臉龐上的喜悅。

與社會的溝通才要開始

同婚專法通過後，從英國的BBC、《衛報》，到美國的CNN、《紐約時報》，國際各大知名媒體第一時間都在網站上發布「台灣通過亞洲第一個同性婚姻法」的新聞。《彭博社》（Bloomberg）更以「台灣總統贏得里程碑的同性婚姻投票」為題，給予高度評價。

反應當然不會是一面倒。專法通過前，就有反同婚到底的國民黨立委揚言：「就算法案通過，二〇二〇年國民黨贏得總統、立委選舉後也要全部改回來。」反同團體更號召民

一樣米
養百樣人
2:01 / 2:46
同婚施行五個月 向鄉親報告（台語版）
蘇貞昌
2019年10月25日
追蹤中
總覽
留言
我們生活在同一個國家，同一個天地之間，面對無法理解的彼此，應該做的不是對抗，而是更多的溝通。
遵守憲法，合乎公投結果的同婚專法實施五個月以來，太陽依然自東邊升起，民法父母子女關係仍然正常運作，國家依然繼續向前走。
而台灣只有因為更進步、更包容，成為更令我們驕傲的國家。
#繼續衝 #繼續拚
#國家繼續向前進
--
請訂閱蘇貞昌的Youtube頻道，不錯過任何影片
https://www.youtube.com/user/eballgogogo
都看完影片了，不如再加一下蘇貞昌的Line
http://line.me/ti/p/@eballgogogo
顯示較少

2019 年 10 月 25 日，在同婚專法生效後、選戰最激烈的時刻，蘇貞昌應要求特別錄製台語版的影片，持續與社會溝通。

眾，在二〇二〇年大選「下架」違背民意的立委與總統。

同婚專法通過不久後，總統、立委選戰開打，同婚議題再次成為攻防重點。從北到南，尤其是中南部選區，反同口號布條再度高掛。

在強大的壓力下，民進黨立委候選人要求行政院與黨中央都應該加強對謠言的反制。由於之前此法案的那一支國語版的網路影片效果很好，幕僚建議蘇貞昌用台語再錄一支影片。蘇貞昌這次用流利的台語、一樣懇切的情感說著：「同婚專法已經施行五個月了，『爸爸』還是叫『爸爸』，『媽媽』也是叫『媽媽』，社會也沒有亂。一樣米飼百樣人，就算和我們不一樣，我們也要互相尊重、平等相待……」蘇貞昌再次呼籲每個人都應該有追求自己幸福

的權利，希望台灣能成為一個平等、進步的國家。

二〇一九年十月二十五日，蘇貞昌在臉書上發布了這支台語版影片。即使蔡總統也要面對連任選舉的考驗，她也在自己的臉書上響應：「在那天後，我們原本的家庭依然幸福，原本的婚姻依然美好，原本的信仰依然自由。唯一的不同，是更多的人一起擁有幸福。」

堅持價值，比選舉勝負重要

曾經被視為票房毒藥的同婚議題，在二〇二〇年大選，出現了翻轉。蔡總統連任成功，拿下八一七萬票，史上最高，而民進黨也成功贏得國會過半，

「同婚的支持者以年輕人居多，台灣成為亞洲第一個同婚合法化的國家，提高了國際能見度，也激發了年輕人的榮譽感。因此，二〇二〇年民進黨大勝，獲得年輕人的支持是一大關鍵，」蘇貞昌的幕僚丁怡銘分析。

他認為，即使二〇一八年大敗，蔡英文總統跟蘇貞昌帶領的執政團隊，在二〇二〇大選前，冒著丟掉大批選票、失去政權的巨大風險，仍繼續支持同性婚姻，對價值的堅持，超越了對選舉勝負的考量。

「蔡總統和蘇院長用行動向台灣的年輕人證明，就算可能因此輸掉選舉，民進黨還是

資深記者楊琇惇回想，訪談蔡英文總統時談到同婚，她向總統說了聲：「謝謝總統。」蔡總統回答：「你們要謝謝蘇院長。」

（照片來源：東森資深記者楊琇惇臉書）

蘇貞昌卸任行政院長當天，忽然有行政院年輕同仁拿出彩虹旗惜別蘇貞昌，感謝他對推動婚姻平權的貢獻。

會堅持理想和價值，」丁怡銘說。

二〇二三年五月，行政院性別平等處公布同婚合法四週年民調，有六二．六％民眾認同同性伴侶應享有合法結婚權利，相較於同婚法案通過前（二〇一八年調查）的三七．四％，提升二五．二個百分點。

之後，蔡總統接受媒體專訪時被問到：「在如此大的壓力下，為何還能推動同婚？」蔡總統回答：「這件事真的要非常感謝蘇貞昌院長。」

雖然許多政治幕僚都認為，同婚專法能順利通過蘇貞昌的角色最關鍵，但蘇貞昌自己則回憶：「蔡總統自己要競選連任，又要擔負立委選舉的成敗，承

“態度・堅持

政治的現實、算計、血腥，蘇貞昌比誰都清楚。然而，政治也可以很浪漫。你披荊斬棘前行，只為了給後人點一盞燈，照亮前方的路。有時候，你必須先經歷了風雨，才能迎接彩虹。”

受的壓力最大，她卻還能帶領大家堅持婚姻平權，真的非常勇敢。」

台灣，繼續朝向平等、正義的社會邁進。

蘇貞昌卸任前再送大禮：跨國同婚

同婚專法上路，只是婚姻平權的第一塊基石。由於專法只承認在其本國也有通過同婚合法的國家，因此，有些跨國同志伴侶仍無法在台灣登記結婚，便向法院提起訴訟。蘇貞昌和行政院團隊知道，婚姻平權仍有缺口需要補上。

蘇貞昌交卸行政院長前夕，向來致力平反冤案、注重人權、支持婚姻平權的政務委員兼發言人羅秉成，在台北高等行政法院累積已有五個有利跨國同婚的勝訴判決後，提出「只要函釋給各縣市政府，表示中央改變見解，同意讓跨國同性伴侶可以順利結婚即可」的解決方案。

在蘇貞昌的支持下，經與司法院商量，最後由內政部在二〇二三年一月十九日函釋，擴大開放跨國同性婚姻。除了中國以外，同性伴侶屬於其他外國人、港澳居民，不論是否來自同婚合法國家，在台灣都允許登記

在成功推動同婚專法後，蘇貞昌常常收到來自同婚伴侶的感謝卡片，甚至是喜餅。

結婚。

這是蘇貞昌在辭職交接前，再送給同志族群一個珍貴的禮物。同志團體彩虹平權大平台還特別貼文感謝與肯定。

直到任內的最後一刻，蘇貞昌仍力挺同婚，只因為他有必須守護的價值。

交接典禮當天，很多行政院員工找他拍照。有兩名年輕的政院女性同仁，身上掛著象徵同運的彩虹徽章，手上拿著象徵婚姻平權的彩虹旗，也跑來跟他合影。陽光下，青春的身影煥發美麗虹彩。

從一九八一年投入省議員選舉，蘇貞昌在政壇打滾已經四十多年。政治的現實、算計、血腥，他比誰都清楚。然而，政治也可以很浪漫，你披荊斬棘前行，只為了給後人點一盞燈，照亮前方的路。

有時候，你必須先經歷了風雨，才能迎接彩虹。

掃描看影片

在送出政院版同婚專法前夕，蘇貞昌在臉書上貼出一段三分鐘的談話影片，字字感情真摯，鏗鏘有力，被網友稱為「台灣版的人權宣言」。
https://fb.watch/mQQCZvk3t6/?mibextid=v7YzmG

同婚專法施行五個月後，社會仍存在重大分歧，在幕僚建議下，蘇貞昌錄製台語版影片，以流利的台語，一樣懇切的情感，持續與社會溝通。
https://youtu.be/Nrlo4GxRnuk?si=JUKoX043Jp_cbvAO

第二章

土地認同

培養大國民，向山海致敬

從開放山林和海岸線開始，
讓全民回到山與海的懷抱，
在探索、冒險的過程中，
找回人與土地的連結，感受大海的力量，
成爲眞正的大國民。

在山林深處，蘇貞昌靜心傾聽。

先是台灣熊蟬呼喚起夏天的名字，然後有白頭鶇引吭高歌，黃腹琉璃拋出尖細的音符，白耳畫眉清囀唱和。還有風過林梢。還有水流潺潺。還有萬物生長的脈動。

山雖無語，卻不沉默，只要你懂得傾聽。

「看看台灣美麗的山林是一種幸福，」蘇貞昌說：「如果有一天，地球只剩寧靜的夏天，世間再也聽不到蟲鳴鳥叫，再好的科技、再多的收入，都是很悲哀的環境。」

在鳥叫蟲鳴的環繞下，蘇貞昌專注傾聽行政院團隊的簡報。營建署長吳欣修報告大屯山瀑布區西側溪流步道改善方案；林務局長林華慶說明森林護管員的現況。還有多位森林護管員現身說法，分享他們守護山林的心路歷程。

蘇貞昌不只是坐著聆聽，還親自走一趟整修後重新開放的步道，逐一盤點改善後的成果。他建議，警示文字要與時俱進修正，並提醒主管機關，步道的護欄、設施應該採自然工法維護路基、邊坡，才能與大自然融合。

多年前，曾經有民眾在這條步道跌倒受傷，申請國賠。為了省事，主管機關索性封閉步道，已經四年。

二〇一九年，蘇貞昌上任第一年，就召集各部會推動了「向山致敬」，向全國宣布政

2020 年 7 月，蘇貞昌視察陽明山步道改善時，親自交代農委會主委（現農業部長）陳吉仲，增加森林護管員的加給、福利、訓練和裝備。

府開放山林的政策方向。經民眾反映，在蘇貞昌要求下，這條位在陽明山花鐘附近的步道才重新回到眾人的生活中。

台灣是座多山之島，山區面積佔了七成，超過三千公尺的高山有二百六十八座。日本總面積是台灣的十倍大，超過三千公尺的高山只有二十一座。「山林，是上天賜給我們的寶貴資產，」蘇貞昌強調。

然而，在過往重重管制下，民眾不得其門入山。蘇貞昌「向山致敬」概念的第一步，就是「開放」。

雖有名山，卻無法親近

曾經有人問英國登山家喬治・馬洛里（George Mallory）：「你為什麼要攀登聖

母峰？」他的回答是：「因為山在那裡。」（Because it's there.）

是的，山在那裡。山的壯闊、神祕、豐富，都在那裡，等待人們去探索、體驗。然而，很長一段時間，對民眾來說，台灣的高山籠罩在層層迷霧中，可望不可即。

早年是軍事、政治的顧慮，後來則有國安、保育及觀光等相關法律因素，山林入出遭到管制。另外，國家賠償法雖高度保障人民生命財產，卻也影響了各級政府開放山域的意願。

一九八〇年制訂的國賠法第三條：「公有公共設施因設置或管理有欠缺，致人民生命、身體或財產受損害者，國家應負損害賠償責任。」人民在登山時發生意外，主管機關可能得扛責，封山成為一勞永逸的手段。

由於政府心態消極，不僅民眾進山不易，服務措施也不夠完善，登山客落腳過夜的山屋不是過於簡陋，就是破舊不堪。即使山就在那裡，對民眾來說，始終咫尺天涯。

「台灣空有名山，國人卻無法親近，是我們把自己限制住了，」蘇貞昌感歎。他決心清除障礙，為人民爭取重新回到山林的機會。

蘇貞昌先是請熱衷山林活動、也是督導此業務領域的政務委員張景森，廣泛與山友界的意見領袖交換意見，整合出初步的政策建言。蘇貞昌親自召集了內政部、農委會、教育

2019 年 10 月 21 日，蘇貞昌在行政院大禮堂宣布政府的「向山致敬」政策，大幅開放台灣的山林，也賦予民眾新的權利和義務。

部、交通部、法務部、國防部、國家通訊傳播委員會（NCC）等十五個部會，舉行了三場研商會議，確定未來登山活動的政策方針。

二〇一九年十月二十一日，行政院大禮堂。蘇貞昌在多位山友面前，宣布了象徵國家山林解禁的「向山致敬」政策。

「山是大家的，山是台灣的，」蘇貞昌強調。他一身登山打扮，身後是山景的投影，彷彿開山之路途已從腳下展開。「只要方向對，腳步不停，一定會爬到山上。希望大家一起來向山致敬。」

記者會影片上線後，獲得了良

態度・堅持

「山是大家的，山是台灣的。只要方向對，腳步不停，一定會爬到山上。希望大家一起來向山致敬。」

好的迴響。山友樂見政府改變了態度。影片觀看人數至今更累積了四百萬人次。

山域、林道，全面開放

「開放、透明、服務、教育、責任」是「向山致敬」的五大主軸。

開放，即開放山林，簡化管理。台灣山區依不同法令，劃設為山地管制區、生態保護區、自然保護區、自然保留區、自然人文生態景觀區等，各有入出申請方式及許可條件。管制區域若有重疊，還得分別申請，造成登山客的困擾。

在安全等因素考量下，各主管機關會採取管制措施，例如停發入出許可或封閉場域。少數單位由於心態保守，彼此影響，成為互相牽制的整體封山狀態。高峰期曾有雪山西稜、六順山等超過二十座百岳中的名山，都是長期封山。

至於林務局所管轄的全台八十一條林道，為了防止山林盜伐，過去也採取車輛管制，相當程度等同限制了民眾的進出。

蘇貞昌宣布，「向山致敬」政策上路後，除了國防必要、地形破碎危險、原住民的聖地，以及保育地外，山域、林道，都採取全面開放。

透明，不僅是資訊透明，也要簡化申請。登山相關的申請，原本分散在警政

署、營建署、林務局三個單位、四大系統中。二〇一九年十一月一日，「台灣登山申請一站式服務網」上線，單一窗口方便山友，快速辦理。

服務，是設施服務，便民取向。營建署及林務局新整建三十五座山屋、並優化服務及配置。山區行動常有通信不佳的困擾，林務局及NCC協調全國4G行動通信業者，讓山區手機可通訊地點從原本的四百多處，到二〇二二年已增加到一千六百處。這看似簡單的幾行字，中間經過了無數會議的協調過程，可以說在蘇貞昌一聲令下，各部會全力配合，才能有如此成績。

二〇二二年十一月，中華電信還推出了「衛星服務日租方案」。第一年政府直接補助一半的日租金，每天只要五十元，就可以使用全方位、不受地形限制的個人隨身定位衛星服務，登山安全獲得保障。

教育，是把登山教育全面落實普及。教育部除了推廣校園山野教育，由轄下的體育署舉辦「全國登山日」，宣導及提升民眾登山安全觀念，並推動「無痕山林運動」，提醒全民對山林環境善盡應有的關懷與責任。

「向山致敬」的主軸，始於「開放」，收在「責任」，就是要落實「自主管理、責任承擔」。

政務委員羅秉成主責國賠法的修法，讓公務員得以不再因為恐懼民眾求償，而封鎖台灣的各種山海祕境。

在羅秉成的主責下，開始著手國賠法的修改。「政府將限制鬆綁，提供更多自由冒險的空間，相對的，民眾也要學習為自己的行為負責，成為真正的大國民，」羅秉成指出：「這是『向山致敬』的核心精神，也是蘇院長最深的期許。」

國賠法第三條原本是採取無過失責任，公共設施因為設置或管理欠缺所導致的人民損害，不論管理機關對欠缺有無故意過失，都要負國賠責任。

修法後，根據新增規定，開放山域、水域，經適當警告標示，民眾仍從事冒險或具危險性活動，國家不負或免除、減輕賠償責任。

國賠法在二〇一九年十二月三讀通過修

正，並經總統公布。這是政府開放山林、鼓勵探索與冒險，但也讓國民負起相對責任的重要里程碑。

向森林護管員致敬，還有實質的加薪

山林，是森林護管員的「辦公室」。

全台國有林地約一百六十萬公頃，但林務局只有一千多名森林護管員，每個人的平均責任範圍，超過五十個大安森林公園。他們的「辦公室」不僅面積廣、地形崎嶇，而且暗藏危機——草叢窩藏毒蛇，樹下盤旋虎頭蜂，暗夜有盜伐的「山老鼠」，只要一個疏忽，小小火苗就能蔓延成森林大火……

他們每天的「待辦事項」很多。除了森林巡邏，還要負責山難救助、森林火災防災、盜伐濫墾查報、森林生態資源維護管理、土地測量、野生動物調查。火災發生時，他們要幫忙救火；發現山老鼠時，他們埋伏蒐證。遇到深山特遣任務時，他們背起約二十公斤的裝備，在深山中過著沒水沒電的生活，短則五、六天，長則十到二十天。

在民眾眼裡，森林護管員通常是隱形的。然而，新鮮的空氣、乾淨的水、美

> **態度・堅持**
>
> 「向山致敬」的主軸，始於「開放」，收在「責任」，就是要落實「自主管理、責任承擔」。

蘇貞昌宣示積極推動山林開放，期盼民眾「敬山、進山，也要淨山」，獲得登山界廣泛認同。

麗的山景，背後都有森林護管員的辛苦付出。蘇貞昌推動「向山致敬」，他也向守護山林的幕後英雄致敬。他是第一位站上第一線、為森林護管員加油打氣的行政院長。

除了精神上的鼓舞，蘇貞昌也為森林護管員加薪。二〇二〇年七月起，每人每月本薪增加，新進人員三一一三〇元起跳，薪給會逐級晉升，加上二〇一九年一月新增的「山地巡護作業費」，大幅提高了約僱森林護管員的待遇。

蘇貞昌還提醒農委會，在加給、福利、訓練、資訊等相關配置上，必須提供森林護管員更好的支援。他也建議林務局，可以透過拍攝影片等不同方式，向民眾介紹森林護管員的工作點滴，並設計漂亮的制服，提升他們的榮譽感。

「我們向森林護管員致敬，希望未來有更多

優秀新血，加入保護山林的行列，一棒接著一棒，讓台灣這個森林大富翁能夠一代富過一代，」蘇貞昌說。

「向海致敬」的教育典範

考完大學聯考的那年暑假，蘇貞昌經常去屏東東港的海灘，泡進清涼的海水中。他眺望著海天交界處，感覺有一個更寬闊的世界正在呼喚著他。蘇貞昌常常有勇於前往未知之境的勇氣，或許正是來自大海的力量。

大海將世界帶到我們眼前，只要懂得仔細觀察，每一波浪花都傳遞著來自遠方的訊息。

二〇一八年三月，宜蘭岳明國小學生淨灘時發現一部海漂相機，在台、日網友熱心協助下，原來是日本東京女大生在石垣島潛水時遺失。新聞傳開後，這所濱海學校推行的海洋教育，吸引了不少目光。

大海是岳明國小學生的教室。校方除了將海洋文化融入課程，還開設了趴浪、潛水、獨木舟、帆船等水上運動訓練。

二〇二〇年七月十四日，岳明國小展開了一場別開生面的海上畢業旅行。三十二名小學生以接力方式，駕駛國內最大三十四噸級重型帆船「光腳號」，帆船環島二十七天。

為了這趟航行，孩子事前做足了功課，希望獲得各界支持鼓勵。有位同學鼓起勇氣寫信給蘇貞昌，邀他參加「樂觀小帆手．海洋台灣夢」啟航。

在台北縣長任內，蘇貞昌就致力發展特色學校，希望臨山近海學校的孩子，在學校裡可以學習山海的知識。一收到這位小學生的邀請，他立刻請辦公室幕僚列入行程。啟航當天，蘇貞昌專程前往蘇澳港，陪孩子搭上「光腳號」，為他們接下來的航行帶來鼓勵和祝福。

蘇貞昌也送給孩子們一個大紅包：教育部除了補助五十萬元支持帆船環島活動，未來三年還加碼補助岳明國小一千一百萬元，做為推動海洋教育之用，當成「向海致敬」的全國教育典範。

「台灣擁有廣闊海洋，我們應該向海致敬，體會海洋的偉大，才能了解什麼是『同舟一命』，」蘇貞昌強調。

在他心中，山與海，分別代表了台灣的命脈和出路。為了面對大海，政府在二〇一八年成立海洋委員會，二〇一九年通過「海洋基本法」，二〇二〇年發布「國家海洋政策白皮書」。繼「向山致敬」後，蘇貞昌再次邀集相關部會做分工，並請民間人士集思廣益，於二〇二〇年七月頒定「向海致敬」政策。

態度・堅持

「台灣擁有廣闊海洋，我們應該向海致敬，體會海洋的偉大，才能了解什麼是『同舟一命』，」蘇貞昌強調。

淨海，找回乾淨的海岸線

「向海致敬」延續了「向山致敬」的五大施政主軸，以「知海、淨海、近海、進海」為四大政策方向，由政務委員吳澤成出面整合十四個部會共同推動。

「淨海」是「向海致敬」的重點工作。二〇一九年十月，環保團體根據一整年海洋廢棄物調查，列出了台灣十三處最髒的海岸。台灣美麗的海岸線蒙塵，政府難辭其咎。

政務委員吳澤成多次開會協商發現，法律雖有明文規定海岸廢棄物清理權責，但是中央與地方機關權責不清。他律定「屬地管理」的分工原則，明確劃分各機關負責範圍。從蘇貞昌台北縣長任內就擔任工務局長的他，深知蘇貞昌的施政風格，他要求按照「定期清、立即清、緊急清」的機制，落實「每寸海岸土地都有人管」。

河川漂來的垃圾、人為惡意遺棄的刺網漁具，以及養殖漁業產生的保麗龍浮具、蚵架，都是海洋垃圾的來源。因此，要清潔海岸，就必須從源頭減少廢棄物。相關機關推動各種源頭減廢做法，包括了河川攔污、刺網實名制、鼓勵使用不易造成污染的浮具、資源回收再利用等，執行過程雖然有數不清的繁雜行政協調，

為了落實「每一寸海岸線都有人管」，環保署（現環境部）署長張子敬成立「海岸清理資訊平台」，讓民眾發現海岸髒亂時，能通報政府機關進行清掃，也能看到清理的進度。

（圖片來源：環保署海岸清理資訊平台）

但張子敬署長積極任事，拚出了顯著效果。

另外，民眾只要發現海岸髒亂，除了可向當地村里長反映，也可以到「海岸清理資訊平台」通報，相關單位必須在七天內完成清理。

在環保署（二〇二三年改為環境部）的統籌下，從二〇一九年到二〇二二年，總共清理十七・九萬公噸的海岸廢棄物。根據環保署委託民間團體監測調查，整體海岸廢棄物已較二〇一九年減少六成，從二二九四公噸，減少為九六七公噸。十三處最髒的海岸，有許多處減少垃圾量都達八成以上。

「很多民間團體甚至反映，由於海岸線定期清理，辦理淨灘活動的地方愈來愈難找了，」吳澤成透露。「向海致敬」政策，確實讓海岸逐年變乾淨了。

鼓勵人民知海、近海、進海

不論是「向山致敬」，還是「向海致敬」，都是從「解禁」跨出第一步。台灣四面環海，含離島，海岸線共長一九八八公里。戒嚴時代，海岸線都設有崗哨駐守。如同山域管制，海岸線也是民眾活動的禁地。

在「開放」的政策主軸下，二〇二二年底，全台海岸線總長的九〇・七%都已向民眾開放。在蘇貞昌指示下，海委會責成海洋保育署，逐步開放友善釣魚場域，同時要在每次的會議上向他報告開放進度。至二〇二三年二月底，全國已有一百五十三個友善釣點，包括了漁港、商港、國家公園，都有新劃置的友善垂釣區，為釣客提供一展身手的舞台。

為了鼓勵人民知海、近海、進海，開放海域之外，政府也有資訊、服務、教育等相關配套方案。

資訊透明方面，海委會設置了「海域遊憩活動一站式服務資訊平台」。由於海域活動的安全跟氣候變化息息相關，氣象局網站增加了四類海域活動區域氣象預報資訊，交通部也針對濱海國家風景區，提供極端天候適地性簡訊服務。

設施服務方面，七處濱海國家風景區、五處濱海國家公園的友善設施整建與改善工程，都陸續完成。海委會將全國十二處海巡廳舍轉型為海洋驛站，展示海洋文化、海域治安的

“ 態度‧堅持

不論是「向山致敬」，還是「向海致敬」，都是從「解禁」跨出第一步。”

宣教資料。

教育強化方面則是透過學童教育、特色學校，以及山區與海域學校交流活動，培養國人海洋國家冒險犯難精神。

海域水上活動，必然伴隨著風險。政府特別建構了「海洋遊憩風險資訊平台」，提供各類海域遊憩活動能力分級建議，並請金管會督導產險公司提供海域活動綜合保險。而民眾參與海洋活動時，也應該具備責任自主的認知。

蘇貞昌說，政府盡力把事情準備好，你只要有一顆啟航的決心。海在那裡，世界在那裡。

串連自行車道、綠道

蘇貞昌喜歡用步道和自行車道來體驗每個地方的景色。

台北縣長任內，蘇貞昌大力整頓原本形同荒廢、髒亂不堪的二重疏洪道，除了維持颱風時緊急疏洪功能不變外，平日變成了全台最大的都會休閒公園。

他在經過美化的四二四公頃二重疏洪道公園內，一口氣設立了六十一座籃球場、七座棒球場與壘球場、六座排球及網球場、兩座足球場、一座直排輪溜冰場、

兩條可以賽龍舟、飆水上風帆的運河、二二．五公頃的釣魚池，還保留一七七公頃的生態原始樣貌，讓野生鳥獸不斷增加的自然沼澤棲地。

現今新北市的自行車道，也是在蘇貞昌擔任台北縣長時開始闢建。時任水利局長的李孟諺發揮創意和協調能力，不但開闢出最美的八里左岸自行車道、二重疏洪道環狀自行車道，更可以從十三行博物館騎到鶯歌陶瓷博物館，或是從淡水漁人碼頭騎到新店碧潭，整個河濱公園自行車專用道總長一百二十公里。

二〇〇六年，蘇貞昌第一次出任行政院長時，便推動「千里自行車道，萬里步道」，並宣布五月五日為「台灣自行車日」。而聯合國直到二〇一八年，才訂定了「世界自行車日」。

早期全國自行車路網的建置，偏重在提供及滿足自行車車友的運動型壯遊需求為主，對大多數民眾以騎乘自行車從事休閒活動而言，則還有努力的空間。重掌行政院後，李孟諺擔任行政院祕書長，蘇貞昌親自召開數場全國自行車道路網規劃會議，請李孟諺緊盯進度。

李孟諺表示：「各地自行車專用道常有中斷、不連續的情形，雖然總里程數已經累積有五千多公里，但斷點常造成騎乘者的困擾和不便。蘇貞昌院長上任後請我們盤點，花最

行政院祕書長李孟諺（圖右）是蘇貞昌在北縣府與行政院最重要的左右手，也是全國自行車道串連的重要推手。

少經費優先把斷點銜接起來。在蘇貞昌卸任行政院長前的二〇二三年底，自基隆八堵經台北、新北，一直延伸到台南二仁溪口的自行車道已經連通。這裡面有九成是專用道，不用和汽、機車爭道，相當舒適安全。」

這條自行車道路線串聯了五堵隧道、大台北河濱公園自行車道、大溪、牛欄河自行車道、新竹十七公里海岸、苗栗綠光海濱、台中市東豐自行車道、鐵路高架旁騰空綠廊、彰化八卦山、以及雲嘉南大圳自行車道，現在已經是自行車車友熱門的朝聖路線。未來還會自淡水延伸到北海岸白沙灣、金山、萬里，一直到基隆外

態度・堅持

蘇貞昌的施政以魄力著稱。追隨多年的吳澤成認為，很多人想學他的「膽大」，其實「心細」才是蘇貞昌堅厚的功底。

木山，可以和台北河濱自行車道形成環狀線，騎乘自行車時，將沿海沿岸的奇石海景盡收眼底。

另外，蘇貞昌也指示國發會整合五個部會，打造「淡蘭百年山徑」、「樟之細路」、「山海圳」等七條各具地理風貌與人文歷史的國家級綠道。走過這七條綠道，彷彿也跨越了台灣四百年歷史。

李孟諺不但幫助蘇貞昌在縣長任內治理台北縣十五處易淹水地區（例如當年每逢大雨必淹的汐止地區），並趁勢把整理好的河川高灘地，開闢出自行車道。也由於這次的共事經驗，之後不論是全國自行車道、國家綠道的規劃，或是向山海致敬，蘇貞昌都請李孟諺進行跨部會協調工作。

李孟諺觀察，蘇貞昌善於將分散在各部會的業務，放進同一個脈絡，串連成完整而宏大的政策。向山海致敬系列的政策，就是很好的示範。政策統整之後形成更豐富的內涵，不僅容易向民眾宣導，後續也更能夠有效管理維護。

蘇貞昌的施政以魄力著稱。追隨多年的吳澤成認為，很多人想學他的「膽大」，其實「心細」才是蘇貞昌堅厚的功底。他會盯細節，卻不會迷失在細節中，而是透過掌握細節，具體實踐施政願景。向山海致敬的概念，便是靠著完成無數

蘇貞昌將「向海致敬」政策交由政務委員吳澤成督管，他也時常到各個海岸視察海岸清理的成效。

細節而落實。

中央、地方攜手，打造衝浪基地

隨著台灣疫情漸入尾聲，民眾開始走向戶外，山區、海域都湧現人潮。

位於新北市金山區的中角灣衝浪基地，二〇一九年底開幕，由於淋浴設施完善，還有公共藝術廣場、自行車與電池交換站，是親子戲水的熱門景點。

蘇貞昌是中角灣衝浪基地的重要推手。二〇一九年一月十七日，他回任行政院長的首次院會上，新北市長侯友宜請求行政院，將中角灣打造為衝浪選手的培訓基地與觀光亮點。「因

為這是蘇院長競選新北市長的政見，」侯友宜強調。蘇貞昌第二天就到現場勘查。

在中央的鼎力相助下，中角灣衝浪基地不到一年就完工。除了中央全額負擔九千多萬元的建設經費，教育部也投入四千萬元，支持與協助在地的中角國小、金山高中訓練選手。

正如蘇貞昌在二〇〇〇年創辦的貢寮海洋音樂祭，後來孕育出許多知名獨立樂團；蘇貞昌鼓勵年輕世代投入帆船、衝浪等水上運動，期許他們成為乘風破浪的海洋子民。

短期來看，「向山海致敬」為民眾帶來更多活動空間，也有助於促進國內觀光。然而，這項政策還有更長遠的意義，就是打造大國民的「心靈工程」。

威權時代，政府用「擋」和「管」的心態，層層封鎖，山和海距離人民很遙遠。蘇貞昌推動向山海致敬，讓全民回到山與海的懷抱，從探索的過程中，找回人與土地的連結。

「行經先人走過的路上，沿途豐富的文化、自然生態、地景資產，會讓我們更了解這個婆娑之島的歷史、更珍惜我們所擁有的自然資源，進而認同滋養我們的這塊土地。」蘇貞昌說。

當你真正認識台灣，才會真心認同這塊土地，建立身為台灣人的歸屬感。內心堅定、踏實，你將無所畏懼。

因為，山在這裡，海在這裡。台灣在這裡。

態度・堅持

> 當你真正認識台灣，才會真心認同這塊土地，建立身為台灣人的歸屬感。內心堅定、踏實，你將無所畏懼。

「向海致敬」2年
淨海與開放成果
清淨海洋
減少海岸垃圾達 4 成、刺網實名制完成率達100%
更換養殖漁業用保麗龍浮具為環保浮球 12萬 顆(6成)
開放海洋
解除 7 處海岸管制區、解禁近 170 公里海岸線
開放 117 處友善釣點

2022 年 6 月，各部會提出「向海致敬」政策兩年來在「近海、淨海、進海」三大面向的成果。

掃描看影片

蘇貞昌在行政院宣布政府「向山致敬」政策，得到山友廣泛認同。
https://fb.watch/mQ1COhMarK/?mibextid=v7YzmG

蘇貞昌親赴山區感謝森林護管員，除了口頭上的致謝，也提升實質薪資待遇。
https://youtu.be/sVxfR8FDoHI?si=r4WV86hdgdeFoTmN

第三章

公平正義

施政要為使用者著想

——更好的漁港與醫院

漁港的使用者是漁民，醫院的使用者是病人，
銀行窗口的使用者是存錢領錢的客户。
從「使用者」的角度推動建設、政策，
強調一次到位、化解民怨、超越預期，
是蘇貞昌施政的特色。

烏雲封鎖天空，大海在怒吼。

那是個颱風剛過又突然回頭的清晨。蘇貞昌站在屏東海邊小漁村外一段加長的防波堤上，身邊擠滿了漁村的婦女。那道防波堤是蘇貞昌當省議員時，為當地爭取經費加蓋的。因為颱風剛過，漁民紛紛出海捕魚。沒想到颱風突然回頭，天氣惡化，海面掀起了巨浪。漁民見情況不對，急忙回航。茫茫大海，大浪滔天。大海中，小船只是個小黑點，忽然被海浪抬到半天高，下一刻又陷入谷底。小船的身影時隱時現，船員命懸一線，驚險萬分。小船由遠而近，愈近愈能看得清楚，都是又破又舊的小船。船上老的、小的，二、三人。因為破舊，沒有足夠的設備預知天候變化；因為窮，所以即使颱風剛走，也要趕著出海，賺取一家人的溫飽，「只要小船能夠趕回，進到加長的防波堤內，就安全了。」

每當有一艘小船閃入，擠在蘇貞昌身旁的女人，必有人淒厲哭嚎。因為，那是他們家的船，命撿回來的正是她的丈夫、或是老父親、或是兒子啊！那哭聲代表：又一個家庭得救了！

多年以後，每當想到社會底層的辛苦民眾，蘇貞昌耳邊總是會響起那個清晨、那群漁村婦女的哭喊。

「那些窮苦的漁民，他們不可能在選舉時為我捐錢，甚至於投票那天，他們都還得出

2019 年 2 月 27 日，蘇貞昌視察東港漁港時，當地漁民陳情漁港不夠深，較大的船進不來，蘇貞昌立刻指示部會進行規劃，漁民沒想到行政院長不僅一口答應，還在最短時間內就發包動工。

海，為三餐奔波，也沒時間投票，」蘇貞昌說：「但我從不後悔，我一定會竭盡所能為他們爭取經費、建設漁港，加長防波堤。讓他們在這樣的颱風天把命撿回來，讓多少家庭免於破碎，這一切努力，太值得了！」

從省議員、屏東縣長、台北縣長，到兩任行政院長，蘇貞昌的施政都是從人民的需求出發。他說：「我只想讓有限的公有資源，更公平的分配，最有效的運用在最需要的地方，尤其是給那些窮苦的大眾，幫他們能夠安身立命，幫他們改善生活。這就是我從政的初衷，也是我一輩子不放下的奮鬥。」

“ 態度・堅持

我想讓有限的公有資源，更公平的分配，最有效的運用在最需要的地方，尤其是給窮苦的大眾，幫他們能夠安身立命，幫他們改善生活。這就是我從政的初衷，也是我一輩子不放下的奮鬥。”

蘇貞昌的施政，公共建設強調「簡單、自然、好使用、好維護、好管理」，行政作為必須親民、便民，避免繁瑣，而他對於價值的堅持，體現在每一個細節的用心中。

東港漁港：水道疏浚，大船返鄉

「東鴻899號」駛進了東港漁港，粼粼水光在船身跳動著。這是艘CT6大船，噸位重達四九二公噸，船身滿載吃水約五米。

東港、琉球漁民經營數十艘CT6大型遠洋漁船，過去東港泊區水深不足，船主必須到高雄前鎮或小港卸魚後再轉運，因距離、拍賣因素影響收入，地方上一直有「大船返鄉」的呼聲。

二〇一九年二月二十七日，在民進黨二〇一八年底大選慘敗後，剛接行政院長的蘇貞昌就來到屏東東港漁港，宣布海上工作樣態特殊的漁民作業不受「一例一休」制度的時間限制，一舉解決全國兩千八百艘漁船漁民「船才開到海中央，工時已超時」的作業困擾。

正當漁民報以掌聲時，東港區漁會總幹事林漢丑站在人群中向蘇貞昌

大喊：「院長，漁港太淺了，漁民都回不了家，請政府幫幫忙。」

維安人員聽到突然有人大叫，緊張的圍了過去。但蘇貞昌不但不以為意，還聽取了林漢丑的陳情，當場允諾立即處理。當地漁民聽到行政院長承諾當然歡欣鼓舞，但料想以政府的規劃時程、預算到位到真正開工，應該也要一年半載。

但他們忘了，高效率是蘇內閣的標記。從蘇貞昌承諾林漢丑到工程發包，中間只花了短短三個月時間。二〇一九年七月二十六日，蘇貞昌再度來到東港漁港，主持港區疏浚的開工典禮。

漁會原本規劃港區疏浚（從三米深挖成六米深）的範圍不到六百公尺，蘇貞昌指示農委會主委（後為農業部部長）陳吉仲，一次做好、做滿，將範圍擴大到一千一百公尺，包括卸魚區、休息區、加油碼頭全部納入，經費由中央全額負擔。

動工典禮上，蘇貞昌再宣布，補助櫻花蝦拍賣場、全國的漁船定位回報通訊費用也由中央全額負擔，讓與會的全國各漁會領袖大為讚賞。

二〇二〇年五月，蘇貞昌又來到東港漁港視察。當時的屏東縣長潘孟安向他爭取，港區內的豐漁橋及芳都橋間的泊區也需清淤，讓小船及漁筏也能停泊及迴轉，蘇貞昌也裁示一次解決這些長年的困擾。

蘇貞昌承諾漁民改善東港漁港泊區後，僅 5 個月就動工，從 3 米浚深成 6 米，原本僅能出入 200 噸漁船，完工後 1200 噸漁船即可進港停靠。

二〇二一年三月，東港漁港浚深工程完工，不只僅耗時一年八個月，還可進出停泊二十艘以上千噸級漁船。同年十二月，豐漁橋、芳都橋間的清淤也完成，小船從此可以停靠的範圍更大，泊區也不再惡臭。隔年二月，連櫻花蝦拍賣場也大功告成。就這樣，僅僅兩年多，蘇貞昌做的比漁民預期的還更多、更好。

深水碼頭完工後，「東鴻 899 號」是第一艘泊靠卸魚的大型漁船。船主本身是東港人，對他來說，可以直接把船開回家鄉，不必再多繞一趟路，實在是太好了！

蘇貞昌要求各部會，推動建設時，要把「使用者」放在思考的核心。漁港的使用者是漁民，水深不足，導致大船無法停

泊，形成漁民的困擾。蘇貞昌聆聽漁民的心聲，並立即採取行動，解決問題。

蘇貞昌也要求「要做就做整套」，大船水道疏浚，小船水道清淤，還附送一個櫻花蝦拍賣場。種種措施，讓東港漁港設備齊全、服務升級，更有泱泱大港的格局。

鹽埔漁港：一個港區，七度視察

東港漁港對面、同一港區的鹽埔漁港，既是南部最具規模的近海漁業港，也是遠洋漁業重要基地。近年來由於小琉球觀光旅遊興盛，地方一再提出訴求，將已飽和的東港碼頭船隻疏導到鹽埔漁港開船，並活絡鹽埔漁港。

屏東縣政府便在二〇一九年底，以「鹽埔漁港客貨運專區建設計畫」積極向交通部申請補助建設經費。在交通部航港局、農委會漁業署跨部會協議下，同意將漁港內客貨運專區加建跳港遊憩轉運站、海洋廣場、停車場，及觀海平台等設施。

蘇貞昌核定該上開計畫後，即在二〇二〇年十一月前往視察。他不是只坐在台下聽官員簡報，還親自上台向鄉親說明政策，展現他對建設細節的掌握度。

「鹽埔漁港的規劃很重要，要讓交通船、漁船方便、出入也方便，請交通部航港局了解漁會及當地鄉親的需求，做好前置作業等規劃工作，一次處理好，讓大家方便，」蘇貞

感謝蔡政府力挺 臺灣漁業揚帆萬里

三年努力有成 歐盟黃牌終解禁

二〇一五年十月，歐盟對臺灣遠洋漁業舉起黃牌，感謝蔡英文總統上任後，把移除遠洋漁業黃牌當成國家頭等大事，經過三年多的努力，終於在今年六月解除了這個緊箍咒，保住遠洋漁業及周邊產業近一仟億，讓臺灣遠洋漁業又可以揚名國際。蔡總統對漁業的支持與用心，漁業界由衷感激。

從港口到漁具 漁業補助接地氣

1. 東港是臺灣遠洋漁業重鎮，泊區深度卻長年不足，蘇貞昌院長二月立刻撥足2.9億元，五個月內完成規劃和發包，七月動工。
2. 爲了幫忙產業升級，編列十億預算在農漁畜的冷鏈、冷藏、加工，提高農漁民的競爭力。
3. 鼓勵漁民接軌國際規範，補助七千五百萬漁船全球定位及電子漁獲回報通信費。
4. 蘇院長了解漁業海上作業的特殊性，把漁船船員納入勞基法第八十四條之一適用。蔡總統所領導的政府，是歷來最照顧漁民的政府。

蔡英文總統所領導的政府，最重視漁民生計
蘇貞昌院長所領導的團隊，會做事、接地氣

臺灣漁民最重情、最講義，蔡政府對漁業界的照顧，我們點滴在心頭在蔡總統、蘇院長的全力支持下，臺灣漁業必定有百分之百的信心可以萬里揚帆，行銷國際。

中華民國全國漁會 理事長　社團法人臺灣鮪延繩釣協會 理事長　東港區漁會 總幹事
台灣區遠洋鮪延繩釣漁船魚類輸出同業公會 理事長　台灣區遠洋鰹鮪圍網漁船魚類輸出同業公會 理事長　蘇澳區漁會 理事長
台灣區遠洋魷漁船魚類輸出業同業公會 理事長　高雄區漁會 總幹事　琉球區漁會 理事長

2019 年 6 月，歐盟解除台灣漁業黃牌警告，全國漁會重要幹部登報感謝蔡英文與蘇貞昌對漁業和漁民的照顧。（圖片來源：自由時報）

昌在預先準備好的簡報螢幕前指示著承辦部會。

當天，屏東縣長潘孟安再向他爭取卸魚及魚貨拍賣市場、整網場，以及漁具倉庫等設施，蘇貞昌都答應給予補助。

二〇二二年四月，蘇貞昌再度來到鹽埔漁港視察，時為新園鄉漁民代表林吉良向他反映：「院長，我們這裡每次下雨就淹水，可不可以想辦法解決？」蘇貞昌當場承諾會處理，回到辦公室就立即召集部會首長開會規劃。

一個多月後，蘇貞昌再度現

身鹽埔漁港，除了關心冷鏈物流中心及鹽埔卸魚場等漁業措施，還宣布補助興建兩座抽水站，並提高鹽埔大排堤岸高度，以解決淹水問題。

這次視察，還發生了一個小插曲。

當蘇貞昌準備搭車離去時，發現碼頭精華地區，居然停著一艘破爛的漁船，由於閒置已久，船身內竟還長出兩棵小樹。現場有人解釋，這是條「法拍船」，卡在作業流程多年無法順利拍出，也找不到地方安置，最後便一直廢棄在此。

此區已規劃為漁船靠泊卸魚處，蘇貞昌立刻要求移除，「泊區未來不能再有任何閒置船隻佔位子，港區不是用來泊靠廢船的。」

二〇二三年一月十三日，蘇貞昌卸任前夕再度視察鹽埔漁港改善進度，也追蹤廢船移除作業。同一個港區，同一個行政院長七度來視察，大概只有蘇貞昌了。

由於當時已經著手內閣總辭的準備工作，蘇貞昌利用這次最後的視察機會，再三叮囑祕書長李孟諺，以及水利署、營建署、漁業署等三位署長，務必全力協助地方政府，緊盯工程，用最快的速度做到最好。蘇貞昌也苦口婆心提醒，做好平時管理，勿讓河道泊區再停靠廢棄船隻。

前鎮漁港：打造國際級觀光漁港

一九六四年建港、一九六七年啟用，位於高雄的前鎮漁港，每年遠洋漁業產值高達三百億元，是台灣最大的遠洋漁業基地。

隨著時代進步，產業演進，以及因應漁船噸位逐漸變大等各方面需要，歷經五十年，前鎮漁港設施老舊，早已不符現今需求。除了卸魚碼頭水深不足，難以讓大型化一千∼三千噸級漁船卸魚及停泊外，卸魚作業及市場批發空間部分重疊，容易帶來衛生安全顧慮。

另外，每年約有一萬五千人次的外籍船員，隨著近三百艘的遠洋漁船在前鎮漁港卸魚整補，漁港旁連一處讓這些離鄉背井、長期在海上狹小船艙中工作的外籍船員上岸洗澡、休息，與遠方家人聯絡的設施都沒有。為了符合人權與現代化漁港的衛生標準，港區的軟硬體都亟需進行改善。

時任行政院副院長的陳其邁，看到蘇貞昌

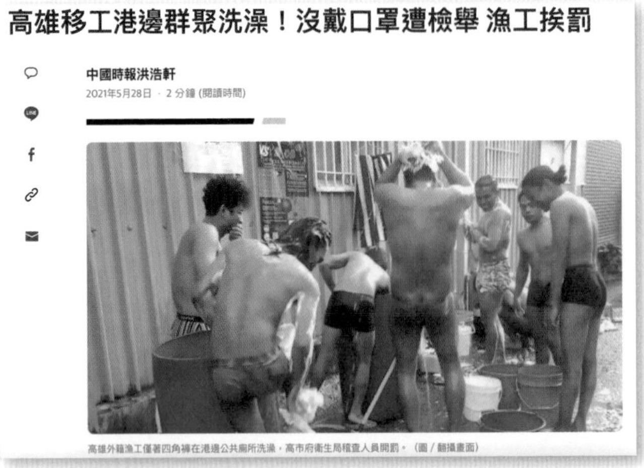
高雄移工港邊群聚洗澡！沒戴口罩遭檢舉 漁工挨罰

中國時報洪浩軒

2021年5月28日 · 2 分鐘 (閱讀時間)

高雄外籍漁工僅著四角褲在港邊公共廁所洗澡，高市府衛生局稽查人員開罰。（圖／翻攝畫面）

年產值 300 億的前鎮漁港，長年因設施不足，外籍漁工只能將就地在港邊洗澡，嚴重傷害台灣人權形象。蘇貞昌要求優先興建新的船員服務中心，讓這些長時間在海上工作的漁工，能在台灣靠岸時得到最好的休息和照顧。

（圖片來源：中國時報）

原本當地漁會只要求更新部分措施，蘇貞昌認為「要，就一次做足，否則未來要再新建設施，就會綁手綁腳。」要求農委會整體規劃、一次到位，因此投入 81 億，將漁港浚深、整建漁市場、新建船員中心，連港區的污水處理、進出交通動線都一併完成，要把前鎮漁港建設成為像日本豐洲漁港這樣國際級的觀光漁港。（舊況與未來完工模擬圖）

回應疏浚東港漁港，也想為前鎮漁港爭取改建經費。之前高雄市政府向中央申請約數千萬元經費，僅準備進行碼頭泊區疏濬。而在地的立委賴瑞隆及高雄區漁會則希望能進一步爭取漁具倉庫、船員服務中心和新建漁產品物流大樓。蘇貞昌認為，前鎮漁港有歷史的意義、經濟上的貢獻，及國際競爭等時代需要，應該以漁港總體發展考量，進行一次性完整規劃興建。

蘇貞昌對陳吉仲說：「要，就一次做足！否則頭痛醫頭，腳痛醫腳，沒有完整規劃，未來要再新建設施，就會綁手綁腳。」

在聽取各部會的規劃報告後，二〇一九年十月二十九日，蘇貞昌專程來到前鎮漁港視察，當場宣布中央全額補助十二億元，興建遠洋船員服務中心和漁產品物流大樓。但回到行政院後，他又多次召開專案會議，針對漁民、漁會及遊客的需求，陸續增加了更多設施，交由祕書長李孟諺整合各部會分工事項。

二〇二〇年八月二十五日，陳其邁補選當選高雄市長上任後的第二天，蘇貞昌特地又來到前鎮漁港視察，並宣示港區的漁、貨、人、車都要進行整體規劃。包括港區浚深、漁貨不落地、周邊交通、內外不同需求車流進出動線、停車規劃、觀光客賞景及採買等需求，都要同步進行。

在前鎮漁港整體改造專案中，也針對過去港區裡及周邊社區所產生的各種污水、廢水逕自排入漁港中，造成髒汙惡臭的問題做處理。蘇貞昌認為，要做為國際級的觀光漁港，「水就不能臭」，如果有異味，觀光客就待不久，既影響形象，也影響消費力。所以也由中央編列預算，設置港區及週邊社區的雨水、污水下水道分流網路。

蘇貞昌有個雄心壯志：他要幫助台灣的漁民及高雄市，將前鎮漁港打造成媲美日本東京豐洲市場的漁用兼觀光的現代大港。

二〇二二年底，前鎮漁港預算已由當初只想疏濬、改善幾個設施的數千萬元方案，提升為總經費八十一億元、變成一個國際級的觀光漁港和魚市的整體改造計畫。未來包括可以泊靠三千噸遠洋漁船的深水碼頭、讓外籍漁工能夠安心舒適住宿休閒的船員服務中心、符合食品安全衛生管制系統（HACCP）的多功能水產品運銷、冷鏈中心與觀光魚市場、現代化的雨水、污水處理系統，還有服務遊客的景觀環境、導入智慧交通，讓人車分流的交通動線設計與設施，都將以嶄新面貌呈現在國人面前。更可以為上千億產值的遠洋漁業相關的補給、網具、冷凍加工及造船整修等關聯性產業，帶來更多連帶提升的效果。

陳其邁感謝蘇貞昌整體改建前鎮漁港的決心和魄力，也下達軍令狀，宣示屬於高雄市負責的相關計畫及工程，於兩年內完成。

態度・堅持

蘇貞昌強調：「這個政府必須做得比人民期待的更多、更快、更好、更全面。這才是『有政府、會做事』，而且是建立『典章制度、百年久遠』。」

蘇貞昌一共視察前鎮漁港四次。最後一次，他來看即將完工的多功能船員服務中心。重視細節及從使用者角度思考的他再三提醒，要針對不同國籍船員的宗教信仰需求，妥善規劃廚房、餐廳、祈禱室及動線，確實保障外籍船員人權，讓其他國家看到台灣善待漁工的努力，展現了他對人權議題的一貫重視。

蘇貞昌努力診治「沉痾」，不怕面對困難的問題。前鎮漁港、鹽埔漁港、東港漁港都是台灣數一數二的大漁港，歷史久、積累的問題當然也多。然而，因為各種因素，改建進度如牛步。時間久了，漁民對政府也不抱期待，認為「講了也沒有用」。

但在當地漁民心中，蘇貞昌不一樣。每一次下鄉，蘇貞昌總是認真聆聽漁民的需求。他推動地方建設，除了大手筆挹注預算，還會親自主持會議，把相關部會拉進來一體面對、同步進行。他每每到現場視察，都參與每一個環節的打磨，確認所有的設施，要求做到能真正符合「使用者」的需求，這種精神和態度也激勵了第一線工作同仁。

蘇貞昌強調：「這個政府必須做得比人民期待的更多、更快、更好、更全面。這才是『有政府、會做事』，而且是建立『典章制度、百年久遠』。」

二〇二三年八月五日，蘇貞昌在卸任院長後首次拜訪前鎮漁港。高雄市長陳其邁、農委會副主委陳添壽，以及遠洋漁業的幾個領袖級人物，都陪同蘇貞昌參訪漁港周邊幾個主要工程的進度。

當時，台北市的在野黨立委正為了八十一億預算，大肆批評政府浪費。

高雄區漁會理事長謝龍隱當場感觸良多的說：「說實在，台灣的遠洋漁業不是吹牛的，在世界排名不是第一就是第二，沒有第三的。我最近聽說台北市一個市場改建預算就要一百六十幾億，但已經用了五十年的前鎮漁港，要花八十一億卻被嫌太貴。」他直言：「李國鼎先生引進美援，創造遠洋漁業，還創造了台灣一家最大水產貿易商豐群，也成就台積電，所以歷史可以讓人家記載。而再過五十年後，台灣人要感謝誰？就是蘇貞昌。」

屏東榮總：看醫生前，先看停車位

蘇貞昌來自屏東，屏東醫療資源的匱乏，他有深刻的體會。

全國人口屏東排第八，過去卻沒有一家醫學中心。整個高屏區的醫學中心僅三家，都座落在高雄市。

屏東醫院少、醫師少，民眾生病時，由於求診不便，延宕就醫，導致小病釀成大病，

高雄區漁會理事長謝龍隱：「五十年後，台灣人民感謝的就是蘇貞昌。」

最後必須依靠救護車送往都會區。

二〇一六年，新科立委周春米上任後積極奔走，希望催生屏東第一家醫學中心。由於醫院預定地在屏東市的大武營區，她還召集了縣府、退輔會、高雄榮總，進行現場會勘。

二〇一八年七月，時任行政院長的賴清德南下屏東訪視，正式宣布高雄榮總屏東分院將於二〇一九年動工，蘇貞昌任內更正名為「屏東榮民總醫院」。

蘇貞昌前後視察屏東榮總七次，要屬「停車位」事件最讓人印象深刻。二〇二〇年五月三十日，蘇貞昌視察屏東榮總工程進度，對原定停車位的數量不足講了幾句重話。有媒體以「蘇貞昌發飆，電爆榮總院長」為題，大做文章，譏諷他「看醫院不看醫療器材，先看停車位」。

事實上，會關心停車位的數目，正來自於他知道醫院的使用者就是「病人和病人的家屬」。因為他常陪著年邁母親去醫院看診，知道民眾抵達醫院後的第一件事情就是停車。

經過了千日工期，二〇二二年十一月十八日，屏東榮總開幕。蘇貞昌在

蘇貞昌沒有一官半職很長一段時間，他常要載送母親到醫院看診，最能感受病患及病患家屬的需求。因此再次就任行政院長後，對於全國新建醫院的就醫動線、無障礙空間與停車方便性，都會特別要求。

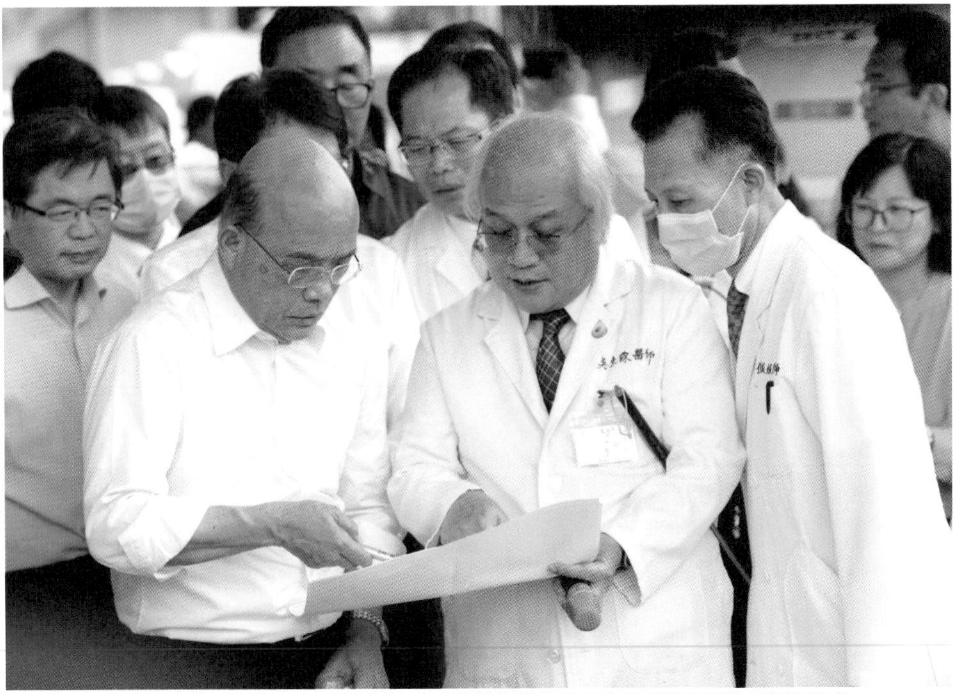

蘇貞昌視察屏東榮民總醫院時，當場就未來可能的門診、住院人數與停車場比例提出要求。

致詞時，再度說明他為什麼重視停車場。

蘇貞昌不是一直都站在峰頂。從二〇〇七年第一次卸任行政院長，到二〇一二年擔任民進黨主席，再從二〇一四年黨主席卸任，直到二〇一九年第二次擔任行政院長，蘇貞昌有長達十年的時間沒有一官半職。他就跟尋常百姓一樣，偶爾也需到公家機構互動，尤其在高齡老母人生的最後階段，更經常陪著她出入醫院。

「要自己開車、自己找停車位，要自己抱著病弱的母親從車子出來，坐上輪椅。如果沒有停車位或是停車位在戶外，還必須在風雨中或大太陽下，推著坐在輪椅上的病人，一路顛簸、溼淋淋

或汗流浹背的進到醫院，等著看病、等待病床。只有經過這種體驗的人，才深知病人還沒有看到醫師，要先看停車位。」蘇貞昌說。

因此他在視察醫療建設時最先問的，就是：病床數有多少？門診量有多少？員工數有多少？相應的停車位有多少？民眾從停車場到診間是否有適當的動線？

蘇貞昌認為，生老病死，都需要醫療資源。社經地位高的人，資源自然豐富，而政府的責任，就是為弱勢族群、為使用者著想，方便他們的使用。

為此，四年任內，蘇貞昌大力補助，大幅增加各縣市的在地醫療資源。尤其是偏鄉，如恆春旅遊醫院醫療大樓、台大雲林分院虎尾院區二期、苗栗醫院急重症大樓、澎湖醫院長照醫療大樓等。另一方面，在全國偏鄉、離島的衛生所，更設置了「遠距醫療門診」。

二〇二二年十月二十二日，蘇貞昌造訪了台灣最南端的牡丹鄉旭海村衛生室。在整修過煥然一新的衛生室中，在地民眾可以透過遠距離門診，即時獲得各地區醫院、甚至醫學中心級的診治。

從「使用者」的角度出發，民眾即使身處偏鄉，也能享有便利的醫療照顧，才能真正邁向醫療平權。

2021 年 10 月 22 日，蘇貞昌專程探訪台灣最南端、由前瞻計畫預算設立的旭海村衛生室，當天也宣布全國至少有 41 處原鄉、離島衛生所，都將建置遠距醫療門診，照顧民眾。

金融服務：派出神祕客，具體落實便民

蘇貞昌上任前，政府為了防制洗錢、詐騙等犯罪，金管會曾函令要求無摺存款三萬元以上，必須留下存、匯款人身分資料，未達三萬元，如果是非存款戶本人辦理，也要留資料。

不少民眾認為，自己的錢要存進去，還得填一堆資料，被問各種問題；而行員明明知道自己是熟客，還是得照上級要求的問題，拿著表單從頭問到尾。領錢更誇張，幾萬元要從自己的帳戶領取，還得被問：「要做何用？」

手續麻煩，導致民怨沸騰。二〇一九年一月十七日，蘇貞昌甫上任第四天，便前往合作金庫總行視察。他當場宣示，簡政便

2019 年 1 月 17 日，蘇貞昌上任第四天就來到公股銀行視察櫃台作業，宣布簡化熟客小額匯款程序，務求簡政便民。

民，所有的行庫簡化洗錢防制作業。由金管會函知各金融機構，針對無摺存款採取三大便民措施：

一、金融機構自己的客戶，以轉帳方式存入同一金融機構的其他帳戶交易，不需再確認身分措施，包括代理人辦理也一樣。

二、臨櫃辦理繳納稅款、規費、公用事業水電瓦斯及公私立學校學費等，不用做身分確認。

三、交易未達五十萬元，如果是金融機構認識的客戶，並在該金融機構留有身分資料紀錄，經金融機構認定屬「常態例行性正常交易」，可免出示個人身分證明文件。

接下來連續兩週，蘇貞昌要當時的金管會主委顧立雄派出五十位「神祕客」，不露身分，到各行庫臨櫃親辦實測新規定是否具體落實，劍及履及，確定民怨的消除。

變革績效指標，鼓勵銀行貸款給中小企業

蘇貞昌上任後，特別勉勵各公股行庫的董事長、總經理，除了要重視自身經營績效，也應協助政府推動各項福國利民政策，特別是要照顧中小企業。

台灣中小企業對經濟發展與就業有極大貢獻。然而，中小企業普遍有「向銀行貸款不易」的怨歎，尤其是剛創業或規模愈小，貸款就愈難。

問題就出在，政府是以「貸款金額」當做銀行考核基準，中小企業的貸款金額通常比較小，同樣一整套手續貸給一家三千萬，當然比貸給一百家、各三十萬省事。政府只考核「貸款金額」，而不是「貸款家數」，小規模、小金額貸款當然不受銀行青睞。

二〇一九年三月十二日，立委吳秉叡在立院總質詢再次指出相關問題時，蘇貞昌覺得有道理，當場承諾政府會改變做法。蘇貞昌將公股銀行董事長和總經理全找來行政院會議室開會，指示將貸款「家數」納入考核項目，鼓勵銀行貸款給中小企業。果然，立刻對中小企業產生正面效應。

之後，中小企業總會理事長帶團到行政院表示感謝，並進一步建言，蘇貞昌也同意進一步調降「中小企業信用保證基金」的保證手續費，從〇．五%降為〇．三七五%，每年有十萬家受惠。同時，「中小企業千億融資保證專案」也上路，協助新創、微型等中小企

蘇貞昌召集公股銀行董事長與總經理，要求對中小企業貸款，貸款「家數」和「額度」並重，果然因為這樣的績效指標導引，產生顯著的效果，帶給許多微小企業即時的幫助。

業取得金融機構融資。

在財政部、金管會的配合下，公股銀行對中小企業放款家數由二〇一九年的十三萬多家，成長至二〇二二年的三十五萬多家（金額則由近四兆元成長至五．四兆元）。在公股銀行帶動的風氣下，全體銀行對中小企業放款家數，由二十四萬多家，成長到五十一萬多家（金額則由六兆多元成長到九兆多元）。因為政府決策、態度、重視程度的改變，就有二十多萬家中、微小企業即時得到幫助。

蘇貞昌常說，人民是政策的「使用者」。所有的政策，要以人民的需要為出發點。而人民受惠，工商發達，經濟繁榮，國家進步，更是環環相扣。

事實也證明，蘇貞昌的施政中，不論是一次

態度・堅持

人民是政策的「使用者」，所有的政策，要以人民的需要為出發點。蘇貞昌的施政帶有「服務業」的思維，他堅信，只有從民眾需求出發，人民才會有感，才是真的「有政府、會做事」。

到位、講究細節、化解民怨、超乎預期，都帶有「服務業」的思維。服務業強調顧客至上，蘇貞昌則堅信，只有從民眾需求出發，人民才會有感，才是真的「有政府、會做事」。

掃描看影片

蘇貞昌答應漁民浚深東港漁港碼頭後，五個月就動工，讓漁民見證政府的效率。
https://fb.watch/mQ24FcYzhZ/?mibextid=v7YzmG

新的前鎮漁港，將為台灣遠洋漁業奠定未來五十年的基業，漁業領袖直言：「五十年後，台灣人會感謝蘇貞昌」。
https://fb.watch/mQ1bVMvjgp/?mibextid=v7YzmG

第二部

化不可能為可能

第四章

縮短城鄉差距

班班有冷氣，生生用平板

不論是「班班有冷氣」、「生生用平板」，
或是「偏鄉學校中央午餐廚房計畫」，
蘇貞昌以國家的力量，用跨部會的合作，
要求以最短的時間，最快的速度，最好的品質，
讓偏鄉的孩子也能享有跟都市一樣的舒適學習環境。

盛夏已經來到台南白河國小。這座一八九八年成立的學校，原本校舍老舊，經過改建工程，二〇一九年脫胎換骨。綠橘交錯的校舍，據說靈感來源正是白河蓮田裡，一朵朵挺立綻放的蓮花。

二〇二〇年，七月七日。受到新冠疫情的影響，暑假延後了兩個星期。下課時間，校園到處都是孩子的身影。幾名從三樓走廊經過的學生，熱情的朝著下方的蘇貞昌揮手，口中還喊著：「衝！衝！衝！」

蘇貞昌抬起頭，也對著他們揮手。

他此行的目的，是視察「老舊校舍改善情形」。身處校園，看著孩子們稚嫩的臉龐，蘇貞昌想起了一輩子當國小老師的母親。受到她的影響，在蘇貞昌心中，教育是非常神聖的工作，「窮不能窮教育，苦不能苦孩子」，是蘇貞昌經常掛在嘴邊的話。

身為窮苦家庭的孩子，是教育給了他改變人生的機會。國小畢業時，會念書的他，拿到了最高榮譽「縣長獎」。競爭者包括了醫生、督學的小孩。很多家長不服氣，甚至跑到學校，要求查閱考卷，重新計分。

慶幸的是，校長、老師都秉公處理，沒有向壓力低頭，蘇貞昌仍然是縣長獎的得主。正因為這個在幼小心靈時的親身經歷，蘇貞昌一生堅持社會的公平正義。要用更公平的教

育環境，為所有弱勢家庭的孩子，打開通向未來的大門。

對於教育的重視，蘇貞昌和總統蔡英文有志一同。為了打造安全的校園環境，蔡英文執政以來，政府共投入近五百億元，積極辦理老舊校舍耐震補強與拆除工作。其中第二階段經費一百六十六億元，就是蘇貞昌上任後核定的，完成全國校舍安全計畫的最後一塊拼圖。

有了安全的校園，下一步，就是舒適的學習環境。

此趟白河國小之行，除了視察校舍改建狀況，他宣布了「全國中小學班班有冷氣，二〇二二年夏天來臨前全面完工」。

蘇貞昌要進行這項政治上已經喊了十幾年、卻沒有人做到的大工程。未來盛夏時分，學生在教室上課將不再揮汗如雨，飽受暑氣煎熬。

不可能的任務

全台二十二縣市，近三千五百所學校，需要安裝冷氣的教室超過十萬間。要做到班班有冷氣，首當其衝的就是經費問題。

每間教室裝冷氣，需要一筆大錢。安裝需要錢，之後的電費、維修費，都是筆不小的

2020 年 7 月 7 日，蘇貞昌在台南白河國小宣布，2022 年夏季前全國中小學班班有冷氣，未來冷氣的電費、維護費也由中央負擔。

開銷，財源較為富裕的直轄市都做不到了，更不用說偏鄉窮縣。

而且，冷氣用電大，所有老舊校舍的電線、電路要全部改裝、換新。一時之間，要在全國找到那麼多的電機技師同時投入這項工程，難度相當高。

因此，幾十年來，不論是中央或地方，即使有心，也因為問題棘手、窒礙難行，「班班有冷氣」淪為選舉口號。但蘇貞昌宣布政策當天，蔡英文總統就在臉書發文表達支持。因為蔡英文相信：「蘇貞昌一定辦得到！」

蔡英文總統表示，已和行政院進行討論，經費將來自前瞻基礎建設計

畫第二期，以及特別統籌分配稅款，合計三百二十三億元。後續將由教育部和台電組成專案小組，整體規劃及採購，既增加執行力，又能降低成本。她還強調：「我們不只單純裝冷氣，也注重『前瞻』和『環境永續』的思維。我們會先改進校園的電力系統，也會增加智慧節能設備，並提高屋頂太陽光電的綠電比例。」

這段發言也顯示，府院已經在政策宣示前做好政策推動的規劃和溝通，確認經費來源和執行時程後，才一起對外宣布政策。

但經費只是第一個難關。TVBS新聞在政策宣布後不久，就以「蘇揆喊兩年內全國中小學班班有冷氣　技師：不可能的事」為標題，指出「班班有冷氣」的兩大考驗。

首先，蘇貞昌開出的政策支票，必須在兩年內兌現。然而，國內空調技師人力能量不足，還得配合台電等相關單位作業，並避開學生上課時間，時間安排、人力調度，都是問題。

其次，招標採購制度。政府訂出的採購價格，往往低於廠商預期的利潤。一線專業廠商通常不願意做，只能交給二、三線廠商。如此一來，品質受到考驗，日後冷氣維修率也會大增。

面對不可能的任務，你可以為失敗找藉口，也可以為成功找方法。現任台灣金控董事

蔡英文 Tsai Ing-wen
2020年7月7日

新政策幫大家畫重點：兩年內，國小國中高中，班班有冷氣！

夏天到了，很多家長關心孩子們的學習環境太悶熱。不過，要全面為校園裝冷氣，是一個大工程。

▲首先，需要裝冷氣的教室超過10萬間，要有縝密的財務規劃。

我和 蘇貞昌 院長討論後，將由 教育部 和台電組成專案小組，整體規劃及採購，既增加執行力，又能降低成本。經費則來自 #前瞻基礎建設計畫第二期 及特別統籌分配稅款，合計323億元。

▲其次，我們不只單純裝冷氣，也注重「前瞻」和「環境永續」的思維。

我們會先改進校園的電力系統，也會增加智慧節能設備，並提高屋頂太陽光電的綠電比例。

我要謝謝 #有政府 #會做事 的蘇院長和內閣團隊使命必達，今天正式宣布了這項新政策。也請家長和同學們放心，接下來我們會繼續衝，如期、如質完成目標，讓全國不分縣市的孩子，上學都有冷氣吹！

蔡英文總統用臉書呼應蘇貞昌「班班有冷氣」的政策宣示。

（圖片來源：蔡英文總統臉書）

長、當時的行政院副院長，以「口罩國家隊」一戰成名的沈榮津，就是個會找方法的人。

「字典裡沒有放棄！」

大同電鍋裡的白米飯已經煮好，搭配爌肉和高麗菜，便是沈榮津的早餐。七點，沈榮津前往行政院上班。第一個會議通常在八點開始，直到晚上八點，一場接一場，沒有空檔。

沈榮津出身台南新營農家。在公務體系四十年，他也像隻「台灣牛」，踏踏實實，一步一腳印，從基層爬上來。沈榮津是做事的人，曖曖內含光，不搶鋒頭。直到新冠疫情爆發，經濟部長沈榮津領軍的「口罩國家隊」立了大功，台灣的經濟表現又能在全世界中一枝獨秀，媒體才開始注意他，封他為「地表最強歐吉桑」。

蔡總統曾說，沈榮津的字典裡，沒有「放棄」這兩個字。沈榮津很早就展現了強大的執行力。

二〇〇一年，納莉颱風水淹台北，南港軟體園區受創嚴重。當時任職工業局的沈榮津奉命進駐，經過不眠不休的搶修，迅速恢復供電，收拾殘局。二〇一七年，全台大跳電，時任經濟部長的李世光請辭，蔡英文要求盤點全台電能。這件事通常要花一個月以上，沈榮津只用了七天。

態度・堅持

面對不可能的任務，你可以為失敗找藉口，也可以為成功找方法。

「我凡事親力親為，多年下來，累積了很多做事的方法，」沈榮津透露。別人眼中的「不可能任務」，沈榮津只有一個詮釋：找到方法，使命必達。

當蘇貞昌把「班班有冷氣」的任務交給他，沈榮津心中展開了一張工作藍圖。他把工作分成採購、工程設計、工程施工、測試驗收等階段，因為有兩年內要完成的壓力，每個階段不但要做好，而且不能延宕。

每個階段都有障礙需要掃除。每所學校的冷氣安裝，都必須找到專業廠商承包。都會區的學校，願意參與投標者眾。偏鄉學校由於班級少，本來工程金額就比較少，而且距離遠、運輸成本高，因此乏人問津。

「在工程會吳澤成主委的協助下，我們採取『分群採購』，共五百六十群，將市區學校和偏鄉學校搭配成一個採購案，大校與小校搭配成一個採購案。如此一來，每個學校的招標，都可以順利決標，」沈榮津說。

冷氣品牌的選擇，為了符合使用者的需求，政府不介入，而是由廠商提出各種不同的套裝服務方案。沈榮津說：「有的冷氣貴，質感符合校方要求。有的冷氣較便宜些，但是加值服務多一點。」只要確認冷氣的品質符合政府的標準，各種套裝方案自由選擇，讓學校和家長會來共同決定。

態度・堅持

> 「我凡事親力親為，多年下來，累積了很多做事的方法，」別人眼中的「不可能任務」，沈榮津只有一個詮釋：找到方法，使命必達。

另外，每個冷氣技師都有一套自己的做法，如果沒有制訂統一的原則和規範，每間教室冷氣裝設的位置、管線配置的方式，就會雜亂無章。沈榮津的對策是：「由政府訂出一致性的招標文件範本，不但可以統一設計內容，顧及品質，還可以縮短採購和設計時間。」

不只班班有冷氣，還要校校會發電

「班班有冷氣」完成後，每年新設冷氣耗能預估二．六億度。這也成為在野黨冷嘲熱諷的焦點：「班班有冷氣，班班會跳電！」蘇貞昌早已想到這一點，因此他要求同步推動「校校會發電」來創能，由台電會同廠商盤點各校條件後，透過全國校園增設太陽光電設施。根據經濟部的資料，每年全國校園創造的發電量四．一億度，是新設冷氣耗能二．六億度的一．六倍。

除了讓學校電力自給自足外，多出來的一億多度發電，則以「售電回饋金」回饋給學校，專款專用，用於學校水電費、燈光照明、財產修繕等多元用途上，等於幫學校創造穩定收入。

這是個跨部會的專案，需要教育部、經濟部、行政院公共工程委員會，以

接到蘇貞昌的指示後，時任行政院副院長的沈榮津，每週找來台電 24 區負責人，召開班班有冷氣會議，親自掌控每個進度，並現場解決困難。

及台電的分工協力，完成校園中電力改善、冷氣裝設、能源管理系統（EMS）、太陽光電設置等四大工程。除了冷氣由能源局主導，電力和EMS系統都屬於台電的協助範圍。台電全台二十四個區處，更是站在第一線上全力協助施工，即時解決各縣市各學校的問題。

身為專案的統籌督導者，沈榮津採取緊迫盯人的策略。他每週與台電二十四個區處的主管線上開會，確認各單位的進度。「如果你無法保持進度，我就請你到行政院，跟我開實體會議，」沈榮津說。

各區處報告時，台電總經理王耀庭也會列席。由於執行專案的表現，會影響年終考核，各區處負責人無不卯足勁，全力以赴，確保進度沒有延宕。

「由於時程縮短，台電必須充分調配時間，壓縮前期規劃及設計的時間，讓變化較大的施工期更有彈性，」王耀庭透露。

人力、物料的調度，是另一個重點。在全球疫情下，由於台灣防疫有成，不僅台商回流，外商也接續來台投資，帶動國內景氣。各地陸續開工，造成缺工、缺料，很多工程甚至沒有人來投標。台電各區處的專案團隊主動出擊，各顯神通，動用各種人脈，補足人力、物料的缺口。

以嘉義阿里山鄉為例，由於資源不足，為了爭取廠商參與投標，嘉義區處奮起服務所所長犧牲假日，陪同廠商尋找並媒合在地人力。嘉義區處處長則拜訪外縣市的材料供應商，尋求支援。雙管齊下，終於水到渠成，公告決標。

沈榮津多年在產業界累積的人脈，再度派上用場。他親自打電話給各家材料廠商，請他們加班生產，提早交貨。一開始，廠商並不樂意。然而，當他們知道這項工程是為了造福下一代，「自己的孩子、孫子都用得到」，便先擱置其他客戶的訂單，甚至不計成本加班趕工，優先出貨，令人感動。

沈榮津對台電的督導很嚴格，但對於台電的付出，他也高度肯定：「整個計畫中，台電既不是編預算的單位，也不是採購單位，更不是工程執行單位。但是蘇院長就是看中台電的專業，要台電跳下來幫忙。台電也很爭氣，全體同仁都很努力，才能讓本計畫圓滿順利。」

在台電公司幾任總經理和副總經理的指揮下，校園冷氣的電力改善和線路重整的大部分工作，都由台電公司一肩扛起。

而台電的直接主管就是經濟部。蘇貞昌對於經濟部長王美花能夠拋棄本位主義，放下身段，每每親自主持各項會議，展現的超能力、熱心、積極以及良好的溝通、激勵部屬的特質，更是印象深刻，讚不絕口，銘感在心。

「冷氣國家隊」來了

二〇二一年九月二十三日，在高雄市長陳其邁的陪同下，沈榮津視察了登發、龍華兩所小學。一年半前，他們是陳副院長、沈部長，共組「口罩國家隊」。現在，身分變為陳市長、沈副院長，他們是「冷氣國家隊」。

沈榮津先是在走廊檢視線路的進

度，轉進教室後，他請技師打開配電箱，確認安裝無誤。「副院長看得非常仔細，就像是自己家要裝冷氣，」陳其邁形容。

沈榮津是電機出身，當過水電相關證照的命題老師。他對技術細節熟門熟路，施工上有任何疏漏，都逃不過他的法眼。

兩年完成的期限，已經過去了一半。來高雄之前，沈榮津陸續視察過北部、中部、東部的學校。這是他對各地廠商的「期中考」。表現不理想的廠商，沈榮津直接點名。

他曾經在視察時，發現線路拉得不夠整齊、美觀，還可能影響日後維護。他問廠商：「借問一下，如果這是你家，冷氣會這樣裝嗎？管線會這樣拉嗎？」對方聽了很不好意思，當下承諾全部拆掉重做。

二〇二二年一月二十三日，全國三千多所學校、超過十八萬部的冷氣安裝，以及電力改善工程，宣告完成。比蘇貞昌宣示的兩年，提早了半年。

事實上，行政團隊一直很清楚，安裝完冷氣後，系統測試才是挑戰的開始。「每個環節都不能出錯，才能讓全國十八萬台冷氣都正常運轉，而且是同時運轉，」沈榮津強調。

一開始是從單一學校進行測試，一發現問題，就立即改善，改善完再測試，直到完全沒有問題為止。接下來，是以縣市為單位測試，然後再進行北、中、南大規模的分區測試。

最後，是四次全國性的壓力測試，選擇在中午十二點、學生吃午餐時，全國中小學的冷氣同時打開，確認無跳電之虞，才算真的大功完成。

「班班有冷氣，校校會發電」，自此成為蘇貞昌最令人印象深刻的政績。

照顧偏鄉窮校的孩子

「班班有冷氣」是要裝在教室、裝在學校，教育部是主管部會。而能夠提前完成，靠的是跨部會的齊心推動。教育部居中協調，成為串連各部會、地方政府、學校的合作平台，可以說功不可沒。

教育部長潘文忠投入教育工作近四十年。他當過七年的小學老師，當年執教鞭時，每逢夏天，學校悶熱難耐，教室裡充斥著學生的汗臭味，至今仍印象深刻。

潘文忠也擔任過蘇貞昌台北縣長任內的教育局長，轄下有全台最大的永和秀朗國小，也有偏鄉小校如貢寮福連國小，學生人數不滿五十人。都會區學校的孩子有家長出錢在教室裝冷氣，偏鄉窮校的孩子只能在高溫中汗流浹背。同一個夏天，不同的學習環境，悶熱與涼爽之別，來自城鄉差距。

潘文忠坦言：「全台灣的偏鄉中小學有一千多所，佔總數的三分之一，長期面臨教育

資源不足的困境。」

「班班有冷氣」最大的意義，就是讓偏鄉的孩子跟都會的孩子一樣，在炎熱的夏天上課時，都可以有冷氣吹。

開始施工後，為了不影響學生上課，教育部還要協助學校和廠商溝通。平日可進行室外工程，室內的作業，就利用週末、假日的時間。

二〇二一年五月中旬，全台進入疫情第三級警戒，校園停課。廠商如果沒有施打疫苗，就無法進入校園施工。教育部趕緊出面協調，安排工班優先施打，避免延誤施工進度。

從學校冷氣選用的廠牌，到校園太陽光電設備的位置，每一個環節，都需要教育部協調各縣市教育局、學校甚至家長會的意見。「班班有冷氣」能夠成功，一直在第一線的教育部厥功甚偉。

班班有網路，生生用平板

疫情期間，為了「停課不停學」，教育部趁勢推動各級學校全面居家線上學習。數位學習成為教育主流。早在二〇一七年到二〇二〇年，教育部便已透過前瞻計畫完成建置「中小學校園高速網路」、「智慧學習教室」及「新興科技示範中心」，奠定硬體基礎，並在二〇一九年開始推動「科技輔助自主學習計畫」。

蘇貞昌指示校園應多利用太陽能來發電，班班有冷氣計畫完工後，校園整體太陽能的發電量已經遠超過冷氣用電量，且售電得款交由學校專款專用。圖為高雄八卦國小。（經濟部提供）

隨著疫情嚴峻，城鄉差距下的數位學習資源不平衡，也浮上檯面。「並非每個家庭都有數位設備，能做為孩子的學習之用。」蘇貞昌決定用政府的預算，幫助偏鄉、經濟弱勢的孩子，一起邁入數位學習的新時代。

二〇二一年十一月二十五日，蘇貞昌在院會上宣布，四年投入兩百億元，推動「班班有網路，生生用平板」政策。中央全額出資購買六十一萬台行動載具，偏遠地區學校每名學生配置一平板，非偏遠地區學校依學校班級數每六班配一班，平常用於課堂教學，疫情期間提供弱勢及多子家庭使用。

平板的採購是採取中央訂規招標、地方下單選購的模式，各縣市、各學校可以根據需求，從九家廠商、十九種組項與優惠方案中，進行選擇。三月招標，四月底決標，五月完成下單，九月配送到校，相當有效率。

潘文忠說，「班班有冷氣」工程浩大，然而，當冷氣安裝完成，只要啟動，就能使用；「生生用平板」把平板送到學生手上後，還需要整合各項數位學術平台與內容，並以分年培育的方式，培養教師運用數位工具教學能力，以及提升學校連網寬頻服務，才能真正打造出數位學習的環境。

「我們在二十二縣市都成立數位學習推動辦公室，隨時監測各校數位學習的網路使用

態度・堅持

「並非每個家庭都有數位設備，能做為孩子的學習之用。」蘇貞昌決定用政府的預算，幫助偏鄉、經濟弱勢的孩子，一起邁入數位學習的新時代。

量，只要滿載，就會擴充，」潘文忠透露。

透過數位學習，教材變得更活潑、生動。潘文忠舉例，孩子過去只能從文字、圖片上去理解蝴蝶破繭而出，現在有了AR軟體，只要點擊平板的螢幕，就能觀察羽化的瞬間動態。

在數位學習中，孩子們彷彿進入沒有邊界的教室，在知識的花園自由飛翔。學生的學習歷程，也會整合成教育大數據，做為老師改善教學的參考。

「生生用平板」計畫，不僅是史上金額最高的教育數位轉型計畫，它更讓台灣的教育現場從硬體的基礎建設，向上堆疊了一層。智慧校園、數位學習，這對教師與學生而言，都是非常劃時代的應用，可以讓更多的師生有超脫以往的教學與學習表現，開啟未來台灣教育全新風貌，也是「智慧國家」重要體現。

善用採購策略，達成採購目標

從「班班有冷氣」，到「生生用平板」，行政院公共工程委員會整合全國各縣市，解除各學校對招標作業的恐懼，也是政策能如期如質完成的關鍵。

這兩項政策都是集中採購。「班班有冷氣」為一縣市一標，「生生用平板」

是教育部辦理全國一標。工程會除了協助主辦單位擬定招標文件範本，並在招標前參與廠商以及機關的說明會，幫助參與採購人員瞭解招標的作業重點及注意事項，避免誤解所造成的不合格標發生。

「每個廠商都有機會得標，每所學校都可以選擇想要的品牌，皆大歡喜，就不會有怨言」，工程會主任委員吳澤成指出。

首先，是訂定及格分數門檻，篩選一定品質以上的廠商及供應廠商。

其次，以「固定價格」讓廠商能提出套裝方案競爭。吳澤成解釋，每家廠商的成本結構不同，可以根據自己的利潤空間，提出套裝方案。如果成本價格低，就搭配較多贈品及服務；成本價格高，就搭配較少的贈品與服務。

「不同成本結構的廠牌及廠商，都有競標的機會，公平競爭，大家都很服氣，」吳澤成強調。

在「生生用平板」計畫中，工程會先調查各校在需求方面的「願望清單」，如額外載具、觸控筆、保護貼、服務人力、教育訓練等，要求廠商投標時所提出的「創意及優惠條款」（如積點換購），應將學校需求項目納入。

最後，只要符合規格要求、達及格分數以上的廠商，都可以併列為得標廠商。學校可

行政院公共工程委員會主委吳澤成規劃出彈性的標案模式，讓各個學校能避開繁瑣的採購程序，選擇最適合自身需求的方案，是班班有冷氣及生生用平板政策能夠迅速到位的關鍵。

以在多家供應商中，根據所需，選擇合適的方案。

善用策略，跨部會、跨業整合，才有高效率的達成。「班班有冷氣」、「生生用平板」都是全國性計畫，由於善用採購策略，整合不同部會、不同業界，才能順利推動招標作業，並真正滿足學校的需求。

不能有孩子被遺漏

潘文忠是宜蘭壯圍人，家裡務農。父親在潘文忠十一個月大時，因病過世。母親當時才三十多歲，一個人拉拔大五個孩子。潘文忠從小就要幫忙農務，插秧、除草、割稻，是成長記憶的一部分。

因為家境經濟狀況困窘，潘文忠沒上過幼稚園。小學一年級開學那天，是他第一次踏入校園。

在新冠疫情下，既要規劃停課不停學，又要維持各種年度全國大考照常舉行，還被交付「班班有冷氣」、「生生用平板」、「偏鄉學校中央廚房」等重大任務，小學老師出身的教育部長潘文忠，展現了過人的協調力和執行力，全數圓滿達成。

潘文忠讀書成績不錯，一、二年級的導師很照顧他，會送他參考書，一直持續到他小學畢業。

當潘文忠日後成為教育工作者，那位老師的身影不時提醒著他：「我們可以建構怎麼樣的教育環境，為孩子帶來足夠的支撐、引導，與最適切的陪伴？」

在一次行政院會上，蘇貞昌說：「人民是國家的主人，兒童是我們的未來。生在什麼樣的家庭，有怎麼樣的父母，那是命，但是國家有責任照顧每一位國民，尤其是兒童。」

聽在潘文忠耳中，他特別有感。

態度・堅持

將「不讓任何一個孩子被遺漏」的信念，貫徹到政策規劃上，落實到台灣的每一個角落，才能照顧到每個來自不同環境、不同家庭境遇的孩子。

將「不讓任何一個孩子被遺漏」的信念，貫徹到政策規劃上，落實到台灣的每一個角落，才能照顧到每個來自不同環境、不同家庭境遇的孩子。「班班有冷氣」如此，「生生用平板」如此，「偏鄉學校中央廚房」也是如此。

中央廚房大帶小，熱騰騰的午餐準時到

上午十點，嘉義民和國小的學生還在教室上課，學校廚房已經開始忙碌起來。營養午餐的菜單經過營養師的設計，主食是小米飯，搭配烤雞排、羅漢齋、風味油麥菜，湯是養生南瓜湯，餐後水果是柳丁。

乾淨、明亮的現代化廚房中，工作人員穿著灰色圍裙，戴著網帽，手上是透明手套。眾人分工合作，完成熱騰騰的午餐，一部分由民和國小的學生享用，其他部分則裝盒、裝桶，再透過運餐車，送往位於偏鄉地區的衛星學校。

這些偏鄉小校交通不便，學生人數少，直接衝擊學校午餐食材、運輸、廚工等供餐成本，導致午餐異常率提高。由於無法大規模採購，通常都是廠商開著沒有冷藏設備的貨車，送來品質參差不齊的食材，廚工草草挑選後，趕在十點前下鍋烹煮，衛生安全令人憂心，更不必談營養、美味了。

二〇二一年四月，在蘇貞昌的支持下，教育部提出了「偏鄉學校中央午餐廚房計畫」，中央兩年投入六十三億元，以「提高食材補助」、「興建中央廚房」、「成立食材聯合採購聯盟」，及「統籌人力及運送」四大策略，讓全國偏鄉孩子的營養午餐，都能夠「吃得飽、吃得好」。

首先，蘇貞昌要求加碼餐費，提升學生飲食多樣性。透過「三章一Q」（CAS台灣優良農產品、產銷履歷農產品、有機農產品等三種標章，及台灣農產品生產追溯的QR Code）食材費補助，將補助由每人每餐六元提高為十元，偏遠地區學校每餐更提高到十四元，每位學生一餐可吃到六十二元，全國就有二十四萬個孩童受惠。

教育部採取「中央廚房大帶小，熱騰騰的午餐準時到」的策略，透過新建或是擴建的方式，完成一百六十七座中央廚房，再供應給七百〇三所衛星學校。

雖然跟「班班有冷氣」一樣，中央廚房施工期間也遭遇缺工、缺料，工班受到疫情影響，但最終還是克服了各種難題，在二〇二二年九月開學後達成進度。

另外，教育部也以「群」為單位，建立食材聯合採購機制，讓一百〇六所群長學校，服務五百〇七所衛星學校。有些偏鄉學校本身有廚房、廚工，不需要中央廚房供應，便可以透過聯合採購，降低食材採購價格，並確保食材品質穩定，減輕行政負擔。

蘇貞昌、教育部長潘文忠、與農委會主委陳吉仲，完成全國偏鄉中央廚房的設置，從廚房設備、食材嚴選、運送車輛、網路掌控，連廚師制服都重新設計，讓1300多所偏鄉小學都能準時吃到熱騰騰的營養午餐。

教育部更在蘇貞昌要求下規劃專用餐車，食材運送時，可利用冷鏈保鮮；餐車則由專家設計溫度感測監控系統，整個運送過程都可以用手機App掌控，確保偏鄉的孩子真的吃到熱騰騰、營養又美味的午餐。

學校午餐是國家的重大政策，但受限於財力、距離、人力，都會和偏鄉存在著很大的落差。但蘇貞昌說：「國家的責任，就是拉近這個落差，讓孩

> **態度・堅持**
>
> **國家的責任，就是拉近這個落差，讓孩子在成長的過程中，感覺到國家的存在，原來國家離自己這麼近，政府會照顧人民、尊敬人民，這才是民主。**

子在成長的過程中，感覺到國家的存在，原來國家離自己這麼近，政府會照顧人民、尊敬人民，這才是民主。」

歷史性的一刻

盛夏提早來到了屏東。還不到五月，當地最高氣溫已經直上32°C。學生過去必須忍受悶熱的教室，如今他們已有更涼爽的學習環境。

二〇二二年四月二十五日，蘇貞昌率領行政團隊，包括經濟部長王美花、教育部長潘文忠等，來到了屏東市鶴聲國小，宣布全國二十二縣市中小學「班班有冷氣」即刻同步啟用。

校方準備的活動看板，有一個插卡裝置，連結到貼著「START」標示的冷氣遙控器。潘文忠和學生先插入班級冷氣卡，象徵為冷氣供應電源，然後蘇貞昌、王美花、時為立委的周春米縣長，還有一名學生，再共同按下遙控器啟動鍵，代表啟動班級冷氣。

此時，全國中小學教室的冷氣同步啟動。大型銀幕上出現了二十二個畫面，分別來自各縣市的學生代表，多位縣市首長也一起入鏡，紀念這歷史性

從規劃到完工僅僅一年半，2022 年 4 月 25 日，蘇貞昌來到國境之南的屏東，與各縣市視訊連線，宣布全國班班有冷氣同步啟用。

的一刻。

人在現場的潘文忠不禁回想起，一年九個月前，蘇貞昌在台南白河國小宣示「班班有冷氣」政策的時刻。即使事先已有心理準備，當蘇貞昌對社會大眾做出了「兩年內完成」的承諾，潘文忠依然心頭一震。他知道，每班都要裝設冷氣的經費多麼龐大，改善校園老舊電力，有多麼困難。

經歷過重重困難後，達成了使命，潘文忠只有一個感想：「我覺得這是個奇蹟！」

沈榮津完成過眾多不可能的任務，「班班有冷氣」也帶給他非常大的成就感：「現在孩子在上課或中午吃營養午

餐時，有冷氣可以吹，看到孩子露出滿足的笑容、幸福的神情，相信所有參與本計畫的人都會覺得，一切的付出都很值得。」

二〇二三年四月二十五日，是行政院推動「班班有冷氣」完工啟用的一周年，孩子可以繼續在有冷氣的教室裡快樂學習。蘇貞昌在臉書中表示，由政府單位和民間廠商同心協力，化不可能為可能，也讓冷言冷語，化成所有參與人員光榮的印記。

蘇貞昌是個「感情用事」的政治人物。那句「窮不能窮教育，苦不能苦孩子」，是他發自內心的肺腑之言。

在任四年內，他全力拉近偏鄉與都市的教育落差，改善學校環境，從校舍補強、老舊廁所更新、校園遊具改善、校園操場跑道興建、視聽教室優化，到「班班有冷氣、校校會發電」、「班班有網路、生生用平板」、「偏鄉學校中央廚房」等。他以國家的力量，用跨部會的合作，投入千億元的專案經費；要求以最短的時間，最快的速度，最好的品質，提供孩子安全且舒適的學習環境。

跟「班班有冷氣」同步進行的政策，還有「校園植樹」。蘇貞昌在全國中小學種下一萬四千多棵台灣原生種樹，期許孩子在有冷氣可用的第一課，是「懂得感恩、愛護及珍惜，從小把環境永續的理念，內化成生活的一部分，進而更懂得愛護我們生長的環境，我們的

掃描看影片

喊了幾十年的「班班有冷氣」，蘇貞昌用一年半的時間完成，於 2022 年 4 月 25 日正式啟用。
https://fb.watch/mQ1zKYvGgC/?mibextid=v7YzmG

蘇貞昌團隊用「中央廚房大帶小」的概念，讓全國 1312 所偏鄉學校，超過 24 萬偏鄉學童的營養午餐，都可以吃得營養、吃得好，還能「熱騰騰準時到」。
https://fb.watch/mQ1rDpn49W/?mibextid=v7YzmG

國家。」不論是班班有冷氣或是校園植樹，蘇貞昌所構築的，都是給孩子一個好的校園、好的學習環境，還有愛護花草樹木、與自然共存的觀念。

蘇貞昌這次再擔任行政院長，在學校的建設用心最多。他認為，每個孩子的家庭經濟狀況雖有不同，但透過「班班有冷氣」、「生生用平板」、「營養午餐中央廚房大帶小」幾項政策，讓無論偏鄉或城市、無論弱勢或富有，每個孩子到了學校一樣有舒適的教室、大熱天一樣有冷氣吹，有一樣的數位學習環境，還有一樣營養美味的午餐可以享用。用國家的力量，讓每個孩童在成長過程中感到溫暖、受到照顧，看到未來！

那年盛夏，在白河國小，當蘇貞昌抬高視線，像是望著一株向天空探索的樹。他揮手的對象，不只是孩子，也是國家未來的棟梁。

第五章

Mission I'm Possible：打造綠樹成行的屏鵝公路

屏鵝公路專案是個充滿挑戰的計畫，
預定十年才能完成的纜線地下化與沿線的綠化工程，
壓縮在半年內完工。
工程不簡單，時間不簡單，沒有一件事是容易的，
完成的那一刻，所有參與的人都充滿了榮耀。

道路工程車的車燈，像是夜行動物的眼睛，在黑暗中閃閃發亮。黃色的燈光照亮了施工人員的臉龐。

夜闌人靜，道路兩側的住家都拉下了鐵門，施工人員卻還在挑燈夜戰。他們穿著橘色工程反光背心，手持鏟子，修整已鋪築瀝青的路面邊緣，隨後由壓路機進行滾壓。

二〇二二年十一月二十三日，七月開工的「屏鵝公路一四一公里纜線地下化暨種樹百里2.0計畫」已近尾聲，就剩下最後的「加祿堂──嘉和」路段。

此地四季如夏，雖是十一月，白天最高氣溫仍高達32°C，即使夜間也還有25°C。近百度的瀝青鋪上了路面，發出騰騰熱氣，撲向人在現場的交通部次長陳彥伯。他的額頭滲出了大量汗水。

陳彥伯是「屏鵝公路」計畫的總指揮。自從動工以來，他幾乎每週都要南下視察。他看了看時間，快十二點了，原本預期這天晚上就能結束所有的工程，看來還是會延後幾個小時。不過，他有信心，當清晨的陽光再次照亮屏鵝公路，一切都會畫下完美句點。

接任交通部次長前，陳彥伯是公路總局局長。開道闢路是他的工作日常。修築一條路就像打一場仗，要對抗天氣、地形、缺工、缺料、突發狀況、民眾的抱怨……。你必須通過各種曲折的考驗，才能完成一條康莊大道。

很少人願意「自己辛苦，讓後人乘涼」，圖為 32 年前擔任屏東縣長時就開始種樹的蘇貞昌。

此刻，陳彥伯像是個長跑選手，在最後的路段衝刺，終點線已在眼前。他身體非常疲憊，心情卻無比輕鬆。

十一月二十四日，陽光普照，一條嶄新的屏鵝公路，在世人的眼前展開。陳彥伯傳訊息到院長幕僚的手機：「請報告院長，我們完成了！」

愛種樹的行政院長

小時候蘇貞昌經常爬樹，摘食樹上的釋迦、芭樂、龍眼及芒果，然後將種子埋入土中，等待發芽，再看著它發育成樹苗成長、茁壯。這樣的成長經驗，孕育了他對樹的深厚情感。

在蘇貞昌眼中，樹不但美，而且價值非凡。路邊一棵樹，旅人用來遮陽避雨；十幾棵樹可以為城市帶來一方綠意；當樹伸展枝椏，成千上

百，蓊鬱成林，便成為無數野生動物的家園。

因為愛樹，年輕的蘇貞昌一度考慮大學要讀森林系。考上台灣大學的那年暑假，他參加了屏東、台東間的「雙鬼湖縱走」，在當年還沒有路的原始森林裡用原住民的彎刀闢路，走了一個星期。

那七天，他周圍總是聳立著樹，葉密不見天，青苔覆蓋樹身，老根纏繞糾結。他見證了樹的雄偉、堅韌、強大，還有旺盛的生命力。蘇貞昌對台灣山林的熱情，一輩子不減。

很少有政治人物像蘇貞昌這麼愛樹。他當屏東縣長時，為窮縣爭取機會，藉著替省府辦「植樹節」活動，把樹全種在新蓋縣府大樓四周，成為今日的大樹林立。他當台北縣長，在台北縣的人行道、分隔島、山坡、河岸、海邊，遍植樹苗，數量高達八百萬棵。

他是第一個走進高雄六龜農委會林業試驗所的行政院長。對於所有部會、機關、學校、園區的園景配置，如果能夠，他都會鼓勵盡量種樹，而且要種對、養好。

蘇貞昌擔任屏東縣長任內就推動過「種樹百里」，在從高屏大橋橋頭到鵝鑾鼻一百多公里的屏鵝公路上，分段種下不同的樹苗。在枋寮部分路段種的是木棉花，三十年後，樹已卓然成行。每年三月，長達三．五公里的木棉道，花開燦爛如春日的火炬，照亮了整片天空。直到現在，當遊客為屏鵝公路兩旁樹景之美讚歎時，電視台記者還會不忘提示：「這

30 年前，蘇貞昌擔任屏東縣長時所推動的屏鵝公路綠美化，為屏東留下了美麗的資產，總會吸引大量遊客駐足，被稱為「種樹百里 1.0」。（圖片來源：自由時報、TVBS）

是蘇貞昌在屏東縣長任內推動的種樹百里1.0。」

落山風強勁，纜線事故頻生

屏鵝公路，從高屏大橋南端到恆春，總長一百一十二公里，是通往恆春半島、墾丁地區的唯一道路。觀光客眼中，這條路通向國境之南，一邊是山，一邊是海，景色美麗壯闊。然而，夏季的颱風、冬季的落山風，不時伸出魔掌拉扯纜線，導致停電、斷網，在地民眾苦不堪言。

二〇一六年莫蘭蒂颱風就帶來重創，路樹傾倒五百五十五株，電線桿倒塌四百七十五支，三千處電纜斷線，超過四十萬戶停電，台電動員六百五十名人力，搶修七天才全部復電。從二〇一六年到二〇二二年，屏鵝公路因纜線事故造成的停電戶近一百二十萬戶。年復一年，始終未能根本解決。

三十二年前，蘇貞昌種在屏鵝公路上逐漸長大的行道樹，也因供電需求遭到波及。為了避免樹枝勾到電線，台電每年進

行斷頭式截幹砍樹，修成U字形或鹿角形狀，十分難看，修剪側枝的傷口，又成了病蟲害入侵的破口，行道樹當然不可能長得健康、茁壯。

居民與行道樹的困境，可以透過電纜地下化解決。事實上，台電也一直都有在進行。但由於工程的進行必須取得公路總局的同意，又為了避免造成塞車問題，每次只能分段進行小規模的地下化，進度緩慢，一百一十二公里的工程，只完成四十三公里，剩下的六十九公里，台電向行政院報告，估計至少還要十年才會漸次完成。

完工之前，漫漫十年，電力、網路不穩仍是當地居民的生活常態，行道樹也會持續孱弱不堪。

一棵樹，催生出一條全新的公路

二〇二二年四月二十九日，蘇貞昌前往林業試驗所六龜研究中心視察。他摸著林業試驗所培植出來的參天大樹，為政府單位能力驚訝之餘，也不斷與林試所所長曾彥學請教種樹的專業，討論起屏鵝公路行道樹的樹況。在蘇貞昌的要求下，曾彥學領隊前往屏鵝公路體檢樹況，並於五月十一日在蘇貞昌召開第一次的全國種樹會議中大膽建議：「如果能將全線電纜地下化，行道樹就能好好生長。」

蘇貞昌一開始並不同意。他知道這是個大工程，勢必得投入龐大的預算，對地方交通也將產生重大影響。但經過幾天的沉澱思考，他有了不同的想法。如果能夠化長痛為短痛，一舉將電纜電線地下化，不但一勞永逸解決停電、停話、斷網困擾，行道樹也可以自由生長。

「規劃要有遠見，決策要有魄力，執行要有效率」是蘇貞昌向來奉行的準則。一條視野乾淨、景觀優美的綠色大道，在蘇貞昌眼前浮現。他預見了工程帶來的改變，決心放手一搏。

二〇二二年五月二十日，蘇貞昌在會議上宣布「屏鵝公路一百四十一公里纜線地下化暨種樹百里2.0計畫」正式啟動，以電纜地下化及植栽改善為目標，道路工程經驗豐富的陳彥伯銜命督導，公路總局第三區養護工程處（簡稱三工處）負責統整，為了避免在下一個春節連假旅遊高峰大塞車，蘇貞昌要求一定要在二〇二三年農曆年前完工。

材料缺乏、發包困難

屏鵝公路計畫必須跨越的第一座高山，是時間。

把原本計畫分十年進行的工程，壓縮在半年內完成，從宣布啟動的那一刻，就必須跟

林業試驗所六龜研究中心這棵參天大樹，是蘇貞昌推動屏鵝公路電纜地下化和種樹百里 2.0 的起點。

時間賽跑。

整個計畫分為「台一線高屏大橋──潮州」、「台一線潮州──水底寮」、「台一線水底寮──楓港」、「台二十六線楓港──恆春」，四個路段標案同時發包施作。距離預定開工日七月一日，時間僅剩一個月，必須盡快完成招標的交通部，卻陷入了材料缺乏，發包困難的窘境。

原來，台電、中華電信都有年度的管線工程，管路隔離板、PVC管、鑄鐵隔離板等管溝材料，早已被相關的施工廠商訂走。計畫中植栽改善所需要的樹苗，也有短缺問題。廠商訂不到料，就不敢投標。

開工迫在眉睫，陳彥伯因為發包不順，焦頭爛額，「如果第一時間無廠商投標，招標不成，就無法如期於春節前完成。」

台電隸屬經濟部，交通部無法直接指揮。經行政院公共工程會主任委員吳澤成負責出面進行跨部會協調後，台電保證釋出用料、林試所則攬下樹種與樹苗的媒合工作，廠商才放心投標。

材料有了著落，交通部在十天內完成了預算整合編製、公告上網、招商邀標、評審決標、訂約開工。四家營造公司分別得標後，趕在七月一日開工。

交通部次長陳彥伯是屏鵝公路專案的執行長，多次召集經濟部、台電及中華電信等管線單位協調大宗物資供應，確保工程順利進行。

解決發包的問題，並不代表工程就能順利進行。交通部原本希望決標隔天，四標工地就能全面啟動。然而，管線開始挖掘時，必須埋設的人孔、手孔材料，仍須等一個月才能到位，導致工地現場人力、機具到齊，交通維持的三角錐都擺上了，卻無材料可以施工。

開工前兩週，工班來到工地，只能枯等，等了一天沒有下文，只好一事無成離開。漸漸的，工人開始失去上工的意願。「他們來工地，就是要有事做，你讓他們無事可做，他們寧可跑到其他工地去工作，」陳彥伯說。

而這缺料的困境，也經台電總經理王耀庭積極調撥，並指派地區負責人員全程掌控配合，方能迎刃而解。工地開始忙碌起來。

用管制表監控工程進度

交通部的會議室裡，屏鵝公路的施工管制表貼滿了整面牆。這項計畫中，需要協調的單位多，待辦理的工項繁雜且有先後次序，為了有效管理，陳彥伯採用管制表來嚴密監控進度。

他將各單位所需的人力、機具、材料及工項，悉數列入管制表中。開工後的材料進場、每天施工成果統計、各單位間施工時程等，每個環節透過管制表落實追蹤，每個單位都知道此時此刻該做什麼，如果落後，就得加緊腳步，趕上進度。

根據規畫，屏鵝公路計畫大致分為管道工程、佈纜拔桿、路面刨鋪、景觀優化等四個部分，首先要完成的就是管道工程，預定十月底完成。

開工後，統籌工程的三工處發現，除了主幹線，還有許多橫渡線，必須一併處理。纜線下地要挖掘的管線長度為一百四十一公里，最後埋設電纜線總長度竟然長達四百多公里，工作量增加數倍，但是工期不變。為了準時達成任務，三工處必須擴編人力，從原本單日所需的二十六個工班，最多增加到五十二個工班。

由處長吳昭煌領軍的三工處團隊，主要由土木工程人員組成。他們承接電纜下地的任務，就像是踏入全新的未知領域，而且必須限時完成，每個人肩上彷彿扛著無形的巨石，

屏鵝公路電纜地下化工程艱鉅，包含電纜下地、架設新管線、移除電桿、重新舖設路面，事前經過縝密的工程規劃，最後才進入種樹的階段。

公路總局第三區養護工程處擔負屏鵝公路專案的主要角色，時任處長的吳昭煌要負責每一個工程路段的會勘和進度控管。

壓力無比沉重。

時間緊迫，在這個陌生的戰場上，實戰就是最好的學習。「團隊每天都像在作戰，應付著隨時浮出的新問題，」吳昭煌說：「每天有開不完的大小型會議及現勘，有著協調不完的事項，但團隊總是絞盡腦汁，設法快速解決。」

工程期間正逢台灣的颱風季節。每一個颱風警報發布，工程團隊都繃緊神經，擔心來勢洶洶的風雨會拖累進度。慶幸的是，每個警報都是虛驚一場，二〇二二年仍是沒有颱風登陸台灣的一年。

躲過了颱風，卻有民怨形成的風暴，席捲而來。

警力投入，縣府支持，一起處理民怨

時值暑假，加上疫情趨緩，前往墾丁、台東旅遊的人潮湧入屏鵝公路。由於道路施工，不得不限

態度・堅持

> 民怨如排山倒海而來，但蘇貞昌態度始終堅定，因為他深知這是施工一定會面對的困難，但與其十年的「長痛」，不如咬緊牙，挨過半年的「短痛」。

縮部分車道，以及局部改道通行，影響了行車速度。從枋寮到恆春，原本不用一小時，由於路上塞車嚴重，有時兩個小時還開不到。

烈日當空，駕駛身陷車陣，難免心浮氣躁。有人降下車窗，對著施工人員就是一陣三字經。

民怨迅速蔓延。「有夠塞！屏鵝公路『種樹計畫』，引用路人抱怨」、「屏鵝公路近日頻塞車，居民批『種樹百里工程』」等新聞開始出現。社群網路上，各種反彈、謾罵聲浪不斷，甚至有人發起了「一人一信塞爆行政院電子信箱」的訴求，正在趕工的團隊除了工作的辛苦，還得面對用路人的不快。

「事先就知道道路施工一定會有交通黑暗期，多少會造成用路人不便，然而，民怨發酵卻比想像中來得更急更猛，」吳昭煌說。

一時之間，屏鵝公路計畫成了眾矢之的。加上年底地方選舉將至，有心人士刻意加油添醋，形容「種樹百里」是「爛路百里」、「塞車百里」，譏諷「蘇揆政績翻車」。

民怨如排山倒海而來，但蘇貞昌態度始終堅定，因為他深知這是施工一定會面對的困難，但與其十年的「長痛」，不如咬緊牙，挨過半年的「短痛」。

屏鵝公路種樹百里天天塞 蘇揆政績翻車

04:10 2022/11/20 中國時報 簡立欣 、 林和生

屏鵝公路啟動景觀改善工程，開工後不是塞車就是交通管制。（台電提供／林和生屏東傳真）

為了趕在農曆年長假民眾返鄉潮來臨前完工，各路段同時趕工，即便在加強交通疏導下仍有路段壅塞，「種樹百里」一度被媒體譏為「塞車百里」。（圖片來源：中國時報）

另外如果讓工程拖到過年遇上春節的十天長假出遊潮，那塞車一定更恐怖，所以一定要趕在過年前完成。當時民進黨屏東縣長候選人周春米也向鄉親掛保證：「這項工程可以優化屏鵝公路，未來不論是颱風或是下大雨，都不會再有斷電、斷訊的風險。」

為了改善交通壅塞，一向處事明快的警政署署長黃明昭立即增加警力，協助屏東縣警察局進行交通疏導勤務。在容易塞車路段，依據平日、假日、去程、回程，不同時段、不同交通車流，靈活實施調撥車道，加強疏導車潮，並在前方路段，提前舉牌告知用路人。用對方法，果然奏效。

除了塞車，民眾還投訴了路面不平，以及夜間施工路段照明不夠明亮、標示不清楚等問題。三工處除了趕緊強化路面平整，也改善照明、加裝障礙燈警示。另外，只要重點路段改善完後，立刻揭露訊息。隨著電桿一根根拆除，路也一段段鋪整完成，民眾終於看到

這個計畫的成果，眼見施工人員的辛苦，態度從抱怨、不滿，逐漸轉為理解、體諒和佩服。

台電人上桿鑽地，創造奇蹟

屏鵝公路計畫由公路總局主責，三工處代辦電纜地下化的管道工程。三工處缺乏管道施工的經驗，對於物料和前置作業都不熟悉，從招標、開工，都發生缺料問題。

因此，台電在計畫初期，便上場支援。台電先是拜訪物料廠商，詳列所有庫存，紀錄製程與產能，將蒐集到的資訊交給三工處，並拜託廠商優先供料。之後，台電甚至找來廠商跟三工處一起開會，便於直接溝通。

另外，台電還盤點全台二十四個區營業處已發包的工程，把不急著用的物料挪移出來，重整及分配資源。彷彿變魔術一般，十天之內，載運著人孔、手孔的拖板車，便從全台各地陸續往屏東施工現場前進。

台電雖不負責管道施工，但是管道施工品質如果不佳，就會影響電纜佈放工程。台電總經理王耀庭表示：「我要求台電人員必須在現場監工，避免管路重做，造成整體進度延宕。」

由於屏鵝公路計畫是國家重大工程，王耀庭要求台電同仁全力配合，以屏東為核心，

調動最近的鳳山、高雄及台南四個區營業處支援，至於其他區營業處工班，為了不影響該區原來工程進度，則以兩週為單位輪調，支援人力。

隨著三工處代辦的管道工程陸續完成進度，台電的電氣工班也進駐四大工區，併同將台電、中華電信、台灣固網、寬頻有線電視，以及各個路口交通號誌等管線，一起進行地下化作業。

台電人員先進行電纜穿線作業，透過人孔、手孔，將電纜線連接到變電箱，再分送到用戶家中。接下來的停電改接，則在夜間進行。

工程人員戴著頭燈，爬上電線桿，身影如夜空的螢火蟲。他們一線一纜，挨家挨戶，將電路轉接到新配的地下纜線。一個晚上常常得完成上千個接戶點。之後才能進行拔除電線桿作業。

每個工區都有不同的挑戰。第一工區是市區段，工程會影響民眾生活，多數用戶也不希望電箱設在自家門口，負責的屏東區營業所必須勤於跟居民溝通，並不時更改設計，贏得住戶的配合。第二工區由台南區營業處承攬，有最多的人孔，車流量也最大，電氣工班最早進駐、最早安排停電改接，進度反而跑第一。

第三工區的佈纜路線最長，而且很多引接點在私有地，必須跟地主取得協議後才能施

林業試驗所所長曾彥學邀集來自台灣各地的植物專家，參與屏鵝公路各路段的植栽選擇、種植教學、養護監督。種樹團隊與工程團隊群策群力，成為景觀道路工程的典範模式。

工，耗去不少時間。負責的高雄區營業處在最後八天，靠著日夜趕工，完成高低壓佈纜近六十二公里，堪稱奇蹟。

鳳山區營業處負責的第四工區，在屏鵝公路最南側，銜接台九線，週末常因交通問題，施工被迫喊停。另外，這一段所經的橋梁最多，陳彥伯現勘後拍板，同意台電附掛的做法。雖然波折多，第四工區最後還是趕上了進度。

匯集全國菁英參與選樹和種樹的創舉

強風，是樹的敵人。

除了颱風季，每年十月到次年三月，東北季風從平均高度為三千公尺以上的中央山脈，進入最南端的恆春半島，地勢

陡降到四百公尺以下，形成強勁的落山風。恆春八級以上強陣風每年將近一百天，風勢最強時，威力與輕度颱風相當。

「屏鵝公路應該算是全台灣的種樹艱困區之一，」林試所長曾彥學語重心長的說。他是中興大學森林系教授，長年研究台灣原生植物。五月初，他找來台灣大學、宜蘭大學、文化大學、中興大學、嘉義大學及屏東科技大學的教授，以及多位林試所資深同仁，組成陣容堅強的專家團隊，前往屏鵝公路，分十五個路段，對於行道樹進行診斷，並提出建議。

這些行道樹都是三十二年前，蘇貞昌當屏東縣長時親自督導種植，對每一棵樹都深有感情。台電多年來為了電路安全齊頭砍樹，曾彥學這次有機會能夠一次解決，他感到非常興奮。和蘇貞昌一樣愛樹的他，對每一棵樹都非常珍惜，只要能夠保留的樹就會想辦法養護，如有因年久死亡而需補植，更是要求以原生樹種來補植。

曾彥學精挑細選，挑出了苦楝、茄冬、瓊崖海棠、大葉欖仁、台灣海棗等五大樹種。這五種樹除了是台灣原生種，還有發根容易、可適應落山風環境等特性。近市區的路段，可種樹形優美的茄冬、苦楝；靠海路段，耐潮風的瓊崖海棠、大葉欖仁、台灣海棗都是很好的選擇。

選好樹種後，就開始挑樹。造林時，因為備用等考量，挑選數量會是所需數量的二・

從挑樹到移植，都在專家團隊的指導下，確保每一棵樹的未來成長，不只種大樹，連灌木和草花都精挑細選，這真的是公路植栽前所未有的合作。

五倍。屏鵝公路計畫預定種植喬木三千五百棵，必須挑選約八千五百棵。曾彥學動員一百多人次，前往台糖農場，對造林木逐一測量、紀錄，高度符合、條件優秀才能入選，「就像是在選拔行道樹的儀隊。」

選出根系較發達、中壯齡的樹木後，必須先「斷根」，再利用發根劑與土糰保溼處理，幫助根團發根，提高移植後的生存率。在妥善的維護管理下，經過三個月時間的發根，栽植樹木的備料才算完成。

林試所隸屬農委會，一般人較不熟悉。屏鵝公路計畫中，林試所成為景觀優化工程的要角，跟公路總局、四大標商合作。初期難免需要磨合，所幸蘇貞昌大力支持，在視察工程時直接下令：「種樹的專業都要先問過林試所！」林試所團隊終能發揮專業，不但能種對樹，還能種好樹。

曾彥學透露，蘇貞昌對於植栽十分內行，不論行道樹或是中央分隔島的草花，他要求採取「密植」作業，擴大植被覆蓋土壤的面積。由於陽光直曬土壤的面積減少，土壤保溼，新種的灌木容易發根，存活率提高。「密植」對於抑制雜草叢生，也有成效。

「院長也很在意行道樹的成長，他希望每一棵行道樹都不要受到束縛，尤其是移植初期，固定樹木的『支架』，在移植樹木確定存活後，都要立即拆除，」曾彥學說。

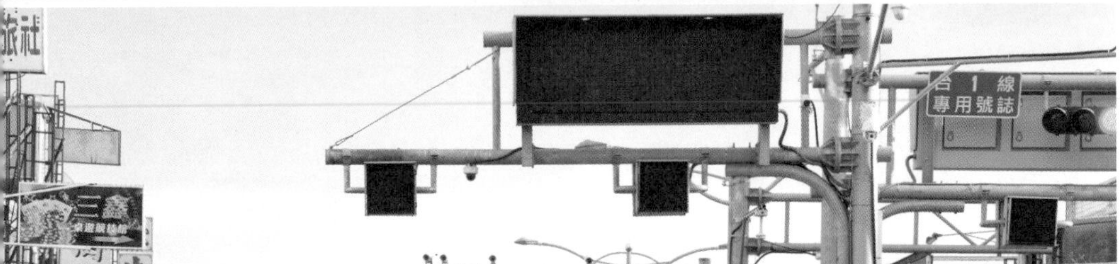

2022 年底，屏鵝公路電纜地下化完工，不僅景觀變美麗，更確保了用電安全。2023 年 7 月底及 9 月初，杜蘇芮及海葵颱風相繼為南台灣帶來強風豪雨，但屏鵝公路沿線，沒有一戶停電，印證了這項工程是重要且非常值得的投資。圖為水底寮街區電纜地下化前後。

屏鵝公路纜線地下化工程艱辛，順利趕在 2023 年農曆年前完工，交通部次長陳彥伯居功甚偉，他把工程進度掌控表當作畫作掛在辦公室牆面，提醒自己做了一件了不起的事。

一名種樹專家的建言，促成了跨部會合作的公路工程，連曾彥學自己都始料未及。施工完成後，曾彥學還有「售後服務」，林試所會繼續協助屏鵝公路行道樹的維護，長達六年。

以小時為單位做管控，促成提前一個月完工

十一月，進入完工前的最後衝刺。

纜線下地完成的路段，必須持續進行瀝青混凝土路面重新刨鋪作業。吳昭煌估算，從十一月起，每天需要上萬公噸的瀝青混

凝土（Asphalt Concrete，一般稱為AC）供料。正值年底地方首長、議員、代表選戰開打，各縣市很多鋪路工程都在進行，一時之間，AC料變得十分搶手。缺料隱憂再次浮現。

吳昭煌帶著同仁逐家拜訪AC廠，爭取他們的支持。幸好，AC廠最後也全力相挺。

接下來約二十天時間，整個工程團隊火力全開。一輛接著一輛的運料車駛進工地，鋪設工班們一班接著一班，不停鋪築路面。日間工班頂著大太陽，揮汗如雨，埋頭趕工；日落後，夜間工班接手，在星光下繼續奮戰，還得追趕被落山風吹跑的施工錐。只有在待料空檔，他們可以在路邊的布棚下，或坐或躺，喘一口氣。

一條路，天際無線，綠意相隨，在這群工程英雄手上，完成鋪築。不會有太多人知道他們的名字，但是他們會記得自己修築過這條路。在這條路上，他們揮灑汗水，也留下了榮耀。

「我過去經歷、督導過無數大大小小的工程，從未像本計畫般，投入如此大的心力，」陳彥伯坦言：「工期短促，共同合作的跨域單位眾多、施工界面又複雜、長達一百公里工區，劃分成五十二個工作面，同步趕工，這些情況在台灣工程界是極為罕見的。」

對於結果，他引以為傲；「在全體施工團隊的堅定意志下，經過不斷的磨合調整，我們不但完成了任務，甚至還提前一個月完工。」

完工後，好幾個月過去了，陳彥伯仍然沒把會議室牆上那一大面管制表拆下來，彷彿還無法正式告別。他總是會想起最後五天，管制表上的進度，是以「小時」為單位在推動著。時間這座大山，他們終於跨越了。

從火爆相對，到成為一個團隊

七月一日開工，十一月二十三日完成，歷時一百四十五天，屏鵝公路計畫合計完成了一三八．五公里管線下地工程、埋設四百二十六公里的高低壓電力纜線、拆除各式電桿數量超過兩千支、調升降埋超過五千座的人、手孔，路口監視器纜線下地近三百處，新增號誌不斷電系統八十處。最後路面改善長度長達一二八．四公里。公路沿線補、換植了三千三百四十六株喬木，以及約八十五萬四千株老化與生長不良的灌木。

屏鵝公路計畫跟「班班有冷氣」一樣是跨部會政策。雖然行政院已經指定各單位的工作責任和範疇，但實際運作起來還是有不少問題需要磨合。特別是工程前期，由於三工處沒有做過管路工程，很多地方需要台電的協助。在時間壓力下，大家都心急，又各有專業，工程執行的方式與邏輯不同，溝通會議上經常出現火爆場面。

不過，抱著「大家都是同一個團隊」的信念，施工團隊一路撐到了八月下旬。八月

很多人只看到蘇院長霸氣的那一面，事實上，他也很溫暖，特別是對有功勞、苦勞的基層人員，他那發自內心的感謝，並要求彰顯他們的貢獻，最讓人有感。圖為 2019 年 12 月 23 日南迴公路拓寬工程完工典禮時，蘇貞昌開吉普車載著工地主任夫妻通車，向開路英雄致敬。

二十七日，負責第二工區電氣工程的台南區營業處拔除第一根電桿，這是一個重要的里程碑。原來眾人認為不可能的任務，突然變得有機會在時限內達標。

九月起，整個團隊真正凝聚起來，決定一股作氣，讓「mission impossible」變成「mission I'm possible」。

整個計畫的施工作業，由四大包商承攬。一開始，每個廠商專注自己的責任工區。隨著工程進入高鋒期，每個廠商都意識到，只有四個工區都完工，整體計畫才算真正完成，另外，經過長時間夜以繼日的克服困難，大家已經產生了「革命情感」，不但拋開本位主義，相互協調施工進場次序，而且先做完的

蘇貞昌認為「獎勵要從基層開始」，屏鵝公路全線電纜地下化工程完工後，他親自到屏東頒獎給每一個工程單位，並邀請他們的家人一起上台受獎。

廠商，還會提供機具、人力、材料，幫助落後的夥伴。

「最後一個月，整個團隊在既競爭又合作的氣氛下，大家傾全力，趕工完成使命！」陳彥伯感歎。

站在第一線上，跟施工團隊日夜相處的吳昭煌，心頭印記著許多張鮮明的面孔：關山段副站長邱民豐，原為東部公路老兵，為了西戰屏鵝公路，將八十高齡的雙親交由女兒照顧，自己全力投入工程；台電總公司主管許友信，他銜命派駐屏東一百五十天，參與每一場協調會，是公路總局跟台電最後能夠合作無間的大功臣；承攬第一標的宏信營造經理蔡家寶，因為日夜趕工，積勞成疾，甚至還在工地發生小中風，所幸搶救後無大礙。

一條公路，半年完工的紀錄，是眾志成城的榮耀，也是無數工程英雄和所有參與者終生難忘的共同記憶。

把榮耀歸於基層

二〇一九年十二月二十三日，蘇貞昌出席「台九線南迴公路拓寬改善工程全線通車典禮」。

在蘇貞昌的要求下，要辦一場榮耀基層的通車典禮。事前就請交通部拍攝工程紀錄片，編印專書，紀錄第一線工程人員的辛苦歷程。當天的典禮現場，築路英雄踩著紅毯，在眾人的掌聲中入場。典禮上，蘇貞昌除了頒獎給有功人員，還跟他們的眷屬合影。

頒完獎後，蘇貞昌親自開著吉普車，載著已在工地住了六年的工地主任和太太，從台東安朔穿過隧道到屏東草埔，對勞苦功高的基層工作人員，致上最深的感謝、最高的敬意。

「很多人只看到蘇院長霸氣的那一面，事實上，他也很溫暖，特別是對有功勞、苦勞的基層人員，他那發自內心的感謝，並要求彰顯他們的貢獻，最讓人有感，」吳澤成說。

二〇二二年十二月三十日，在屏鵝公路的完工感恩茶會上，也是以榮耀基層為主軸。在皇后（Queen）合唱團「We Will Rock You」歌聲中，各路團隊陸續進場。

屏鵝公路沒有了天空中的電纜電線，只有綠樹成行，且鋪上更舒適的路面，讓旅人享受更美的天際。

整個活動，由吳昭煌的簡報拉開序幕。接下來，陳文瑞（公路總局局長）、劉印宮（屏東縣政府警察局局長）、王耀庭、曾文生（經濟部次長暨台電代理董事長）、謝繼茂（中華電信董事長）、曾彥學、陳彥伯、王國材（交通部長）等參與工程的單位主管陸續上台致詞。

整場活動最大的亮點，就是宏信、廣昱成、真毅、十億等承攬四個標案的廠商代表，上台分享參與本計畫的甘苦談。所謂「做有入骨，才講欸出嘴」，他們雖然沒有太多上台說話的經驗，但接過麥克風後，卻都能細數這段日子的點點滴滴，生動感人。

他們無不坦承，這種高強度的趕工，非常艱苦，但一旦通過難關後，帶來的成就感又無可比擬。

「仔細聽了每一位工程英雄的分享，我非常感動。每一個道路工程都是孤獨的，有時候還得承受巨大壓力，但是看到辛苦之後的成果，令人非常開心，」王國材說：「記得五月一日，南橫公路才通車，五月十一日，院長就召開了屏鵝公路的專案會議，在非常短的時間內，完成了這項任務，相當不容易。」

蘇貞昌是最後一個致詞者。在這之前，他都坐在台下，專注傾聽所有人的發言，並熱情鼓掌。四位廠商代表上台、下台時，蘇貞昌都會站起身來，向他們致意。

痛苦會過去，建設會留下。原本工程預計需要十年的屏鵝公路電線電纜地下化計畫，半年就完成。長達百里的屏鵝公路，蔚藍天際的背後是蘇貞昌與行政團隊的執行力。

態度・堅持

只有當你心中有偉大的藍圖，
你才能成就偉大。

蘇貞昌在致詞中，對於施工造成的交通黑暗期，感謝民眾的體諒，感謝當時還在競選的周春米縣長全力的支持。他感謝參與工程的各單位人員、承包的四家營造公司，以及一百多家協力廠商，協力打造了這一條最美麗的公路。

「這是個充滿挑戰的計畫，工程不簡單，時間不簡單，沒有一件事是容易的，正因為如此，我下定決心，一定要完成，」蘇貞昌強調。

「從小父母就教我，一件事能完成，不是自己多厲害，而是有很多人的幫助，有時候連天都在幫你，」蘇貞昌說：「今天舉辦這場典禮，就是向所有參與者說聲謝謝。你們為台灣做事，讓台灣更好，讓國家更好。因為有你們，屏鵝公路的天際，不再有電線電纜，只有綠樹成行。」

辛苦會過去，留下天際無線的公路

大刀闊斧的改革，在當下必然引起激烈反彈。十九世紀，在拿破崙三世的支持下，巴黎塞納區行政長官奧斯曼男爵（Georges-Eugène Haussmann），對這座古老、殘破、髒亂不堪的城市，進行大規模的改造。

道路修建是巴黎改造的重點之一，路長、路寬都增加一倍。奧斯曼也愛種樹，

蘇貞昌仍保留著三十二年前，自己和一名國小女學生在屏鵝公路種樹的照片。可以體會他對樹木的深情，和對台灣的遠見。

在十七年內，在城市兩千多公頃的公園綠地上栽下了近六十多萬棵樹，綠化大幅度改善了巴黎的環境。

奧斯曼的巴黎大改造，當時也遭到各種攻訐和批評，連大文豪雨果和波特萊爾都出來指控他毀了巴黎。一百七十年過去後，巴黎政府將二〇二三年定為「奧斯曼年」，推崇他將巴黎改頭換面，成為今日整齊優雅的花都。

春去春又回。二〇二三年三月，屏鵝公路再度登上新聞版面。工程引起的紛紛擾擾已經過去。「種樹百里1.0」打造的木棉大道春風得意，灼灼風華，引得眾人齊聲讚歎。

蘇貞昌仍保留著三十二年前，自己和一名國小女學生在屏鵝公路種樹的照片。

因為他對樹木的深情，催生了「種樹百里2.0」。封路修道種樹，施工必然造成民眾的不便，加上選戰攻防，這個工程曾經成了各方責難的箭靶。很多人攻擊蘇貞昌愛種樹造成民怨，卻不提電纜地下化帶來的便利。

也許，屏鵝公路沿線的居民對於颱風天的斷電、斷話、斷訊已習以為常，但來自屏東的蘇貞昌，沒有要讓他的故鄉習慣這種命運。為了達成他心中遠大的目標，他在第一線擋住嘲諷和攻擊。各界對屏鵝公路工程必要性的質疑，並沒有因為蘇貞昌卸任閣揆而停止。直到颱風季節來臨，屏南地區的居民才知道，屏鵝公路種的不只是樹，還有他們的幸福。

二〇二三年七月底及九月初，杜蘇芮及海葵颱風相繼為南台灣帶來強風豪雨，嶄新的屏鵝公路通過考驗，沿線沒有一戶停電，也減少了台電人員四處搶修復電的壓力。風雨當下，許多受颱風侵襲而停電的台東居民向記者表達對屏東人的羨慕，希望自己家鄉的電纜電線桿也能地下化。屏東縣長周春米也特別致電蘇貞昌，再次感謝屏鵝公路這項困難工程的貢獻。至此，屏鵝公路才得到平反。

遠見是一種智慧，但能承擔嘲諷更是一種勇氣。「雖千萬人吾往矣！」只有當你心中有偉大的藍圖，又能不畏風雨向前邁進，你才能成就偉大。

身為決策者，蘇貞昌要求團隊使命必達，但也提供各種資源和協助，不會任你孤立無

掃描看影片

屏鵝公路全線纜線地下化原訂要花十年的工程，施工團隊化不可能為可能，半年內完成的全記錄。
https://fb.watch/mRCpYYpSsO/?mibextid=v7YzmG

屏鵝公路沿線不再有電線電纜，只有兩旁的綠樹成行，以及更安全的電路線和更乾淨的天際線。
https://fb.watch/mQ1glIuDWY/?mibextid=v7YzmG

援。「他不是叫你做事，而是帶你一起做，」吳澤成如此形容這位老長官。蘇貞昌也是鼓舞人心的高手，他彰顯任務的價值，觸動團隊的榮耀感，點燃參與成員的熱情。

他願意扮演承擔逆風的大樹。他必須讓所有人知道，「蘇貞昌是玩真的！」他的決心，凝聚了眾人的意志力，攜手朝向目標衝刺，這或許正是屏鵝公路工程在重重困難下，還能提早一個月完工的關鍵。

非裔經濟學家丹碧莎・莫約（Dambisa Moyo）曾說：「種一棵樹最好的時間是十年前，其次是現在。」

工程的辛苦、塞車的痛苦已過去，而國境之南，天際無線的屏鵝公路留了下來。因為跨部會、跨公私部門的奮力合作，十年計畫竟能在半年內完成，當初以為不可能的任務已成為事實，而且創造了令人引以為傲的歷史。

第六章

贏得關鍵戰役

四大公投逆轉勝，向世界跨出一大步

不同於二〇一八年的冷處理，
二〇二一年四大公投，民進黨決定主動出擊，
行政院不提對案，以「四個不同意」爲主軸，
蘇貞昌率領行政團隊下鄉宣講七十四場，
用清楚的論述成功説服人民，再向世界跨出一大步。

「踏破驚濤九霄天，舞動勝利讓文武旗飛，展翅長空，撥雲見月，耀武南北遍地花……」

夜幕降臨，晚風習習，兩萬名民眾湧進了高雄台糖物流園區後方空地。在等待蘇貞昌進場前，他們聽著現場放送的台語歌《文武旗飛》，目光望向了舞台。大型銀幕播放行政院政績的剪影：「南科再擴建」、「育兒津貼加倍」、「長照六〇七億」、「班班有冷氣」、「三保加一金」、「擋非洲豬瘟」、「脫離口蹄疫疫區」、「守百年大疫」……

銀幕兩側還有醒目的標語：「四個不同意，台灣更有力」。

二〇二一年十二月十七日，四大公投的前一晚。隔天，民眾將投票，為「重啟核四」、「反萊豬進口」、「公投綁大選」、「珍愛藻礁（三接遷移）」等四個議題做出決定。

公投前一夜，民進黨在台北、高雄都有大型說明會。高雄這一場，由蘇貞昌打頭陣。簡短的問候後，蘇貞昌切入主題。他直言：「核四無法重啟，因為從未蓋好。」他提醒：「三接遷移，就是停建，就是缺電。」他引用美台商會會長韓儒伯的話，再三強調：「符合國際標準的萊牛安全，卻說萊豬有問題，不合邏輯。」

蘇貞昌演說二十分鐘。他不用看稿，一氣呵成。他揮動著撞球桿，指著背板上的數字、圖片，時而事實舉證，時而溫情喊話，時而苦口婆心。「明天，做國家的主人，為國家未

蘇貞昌再任行政院長，宣布重大政策時常由他親自拿著一根撞球桿，向全民做簡報，這個形式也沿用在 2021 年四大公投的群眾場上。

來做決定！」「四個不同意，台灣更有力！」蘇貞昌大聲疾呼，嗓音早已沙啞。

高雄場接著有總統蔡英文、副總統賴清德陸續登場。而蘇貞昌則直奔台北凱達格蘭大道，為七十四場宣講畫上句點。

這是個忙碌的夜晚，民進黨三大要角南北奔波，因為這一仗影響台灣的未來，絕不能輸。

拍板！總統宣布擴大開放美豬

二〇二〇年七月，蘇貞昌接任行政院長已一年半。年初的總統、立委選舉大勝，新冠疫情守得不錯，振興三倍券剛發，民眾反應良好。整體來說，民進黨政府處於順勢。

七月底，蘇貞昌進了總統府。為了促進台美貿易，蔡總統表達了開放美豬進口的決心，希望行政院團隊能夠全力支持。

2020年8月28日，蔡英文總統宣布要以國際標準值開放美國豬肉後，在野黨開啟了一年多的抗爭，並結合其他環保與政治議題發動「四大公投」。

美國含萊劑（萊克多巴胺）肉類的進口，向來是朝野政治角力的戰場。當年陳水扁政府準備解禁萊劑肉類，並制訂最大殘留標準為10ppb，遭到國民黨反對。二〇一二年，馬英久競選連任後不久，突襲宣布開放含萊劑的美國牛肉進口，民進黨在進入表決前幾天，輪番占據主席台、癱瘓議事進行，最後在「牛豬分離、排除內臟」等附帶條件下，才三讀通過。

時隔八年，蔡英文再度將開放美豬的議題，搬上了檯面。行政院長勢必得站上火線，而在野黨當然抓住機會，猛烈攻擊。

蘇貞昌將消息帶回了行政院，多數幕僚持反對意見：「這個議題很難防守。民進黨在野時反對美豬，執政後則開放美豬，你要怎麼說服民眾？」

2012 年 7 月，蘇貞昌擔任民進黨主席時即表態支持用國際標準面對馬政府開放萊牛，九年後，成為蔡英文總統得以依循的原則。

但也有幕僚指出，蘇貞昌在這個戰場上有立足點的優勢。馬英九宣布開放美牛時，萊劑的使用還沒有國際標準，當年身為民進黨主席的蘇貞昌表示反對。但隨著聯合國國際食品法典委員會（Codex）訂出最高殘留容許量標準後，蘇貞昌率先表態，民進黨應做為負責任的政黨，既然已有國際標準，他也從完全反對，調整為「堅持一貫立場」，即「守護國民健康」、「參考國際標準」、「嚴格監督政府」及「保護畜牧產業」。

即使如此，在野黨仍然砲聲隆隆。在執政黨防疫有成、氣勢正強，總統與院長滿意度都在高檔之際，美豬開放為他們提供了一個絕佳的反攻機會。畢竟，食安問題挑動著國人的敏感神經，簡單一句「拒吃毒豬肉」，就能引發民眾對政府的信任危機。

二〇二〇年九月二十三日，國民黨立委林為洲領銜提出「禁止進口萊豬」的公投提案，二〇二一年五月十四日正式獲中選會通過成案，原本要在八月二十八日舉辦公投，因為新

冠疫情而延期到十二月十八日。

從發言人風波到社群氣勢的逆轉

蔡英文總統於二〇二〇年八月二十八日宣布要以國際標準開放美豬後，政府雖強制規定標示肉品的「原產地」，但不強制標示「是否含萊劑」，也引發了議論。

二〇二〇年十一月，台北市長柯文哲與其所屬政黨提出「萊豬應該要明白標示，豬隻所用飼料含有萊劑也應該標示」。當時的行政院發言人丁怡銘在記者會中反駁，直言獲得「台北國際牛肉麵節」冠軍的店家，就使用了飼養時採用萊劑飼料的美國牛肉，但因為符合國際標準，一樣安全無虞。他強調：「針對肉品中殘留物訂定標準，才具有可行性，而不是把動物在變成肉之前，吃了什麼都標出來，有困難也不合理。」

由於他的「舉例」指名道姓，店家下午就跳出來喊冤，召開記者會向行政院抗議，事後更拿出檢驗報告，證明自家使用的牛肉符合標準。

此段發言讓丁怡銘立刻成為眾矢之的。即使蘇貞昌帶著他上門道歉，仍難平息社會輿論。三天後，風尖浪口上的他，請辭下台。

不過，藍營議員沒打算放過他。他們到北檢按鈴告發丁怡銘散播店家使用萊劑肉品的

是否含有「萊克多巴胺」等瘦肉精，或者在飼養過程當中使用「萊克多巴胺」等瘦肉精等建議主張之事實，此亦有相關新聞媒體報導資料存卷可參。再者，經細繹如附表所載記者提問與被告發言之前後內容，並參佐臺北市長柯文哲前述建議主張，除可證明被告當時並未表示皇家傳承公司所使用之美國牛肉含有或殘留「萊克多巴胺」外（事實上該公司所使用牛肉經送檢測結果，亦均未檢出含有或殘留「萊克多巴胺」等瘦肉精成分），更可證明當時不論是提問記者口中之「萊豬」，抑或被告所表示之「萊克多巴胺的美牛」或萊劑美牛等語，其等均是指稱在飼養過程當中，曾經使用添加含有「萊克多巴胺」之飼料予以飼養的牛豬而言，並非陳稱該等牛豬含有或殘留「萊克多巴胺」，此從被告當時亦表示：「至於標示的部分，因為萊劑是一種飼料的添加物，我們其實是去經過，去驗證它經過代謝以後的殘留值，不是直接去加在食物裡面，目前我們都是針對殘留值訂定標準，也不會再特別去針對動物在變成肉之前吃了什麼」等語，更可資為佐證。復經本署函詢[redacted]公司所使用之美國牛肉，於108年、109年間之供應廠商即[redacted]實業股份有限公司、[redacted]開發股份有限公司、[redacted]股份有限公司，[redacted]該等公司依序函覆本署所表示：「向上游廠商[redacted]公司在臺灣辦事處詢問......全部均有使用添加萊克多巴胺飼料予以飼養......所以販售給臺灣地區牛隻於屠宰前24至48小時，會停止餵食含添加萊克多巴胺飼料......進口之美國牛肉均有符合前開萊克多巴胺的殘留容許量」、「所進口之美牛在屠宰前的肥育期（大約3個月），即添加之（按指在飼料中添加萊克多巴胺），於屠宰前2天即停止食用......在屠宰前2天停止食用，已符合目前臺、日、韓之10ppb規範......國外均以殘留量為主，不以添加量為計量」、「該等牛隻飼養過程會添加萊克多巴胺，並於屠宰前二星期停止添加萊克多巴胺

3

台北地檢署在訪查台北國際牛肉麵節冠軍店家的上游廠商後，證實所使用的美牛在飼養過程中有使用含萊劑飼料，間接證明了依據國際標準進口的肉品安全無虞。

不實訊息，涉嫌違反食品安全衛生管理法「散播有關食品安全之謠言或不實訊息」。

當外界往他身上貼滿「散布假訊息」的標籤後，二〇二一年八月十三日卻出現逆轉。負責偵辦的台北地檢署在不起訴處分書上明白指出，經過調查後，該店家的三家上游供應商都坦承，他們進口的美牛在飼養時都有使用萊劑，因此不起訴丁怡銘。

不起訴處分出爐後，原本對執政黨較不利的風向，開始改變。網路社群上反美豬的聲音不再一面倒，還出現各種在野黨政治人物開心吃萊牛、身心健康的梗圖。社會大眾逐漸認識，符合檢驗標準的美豬，就像過去國民黨政府開放的美牛，即使在飼養時使用了萊劑，但經過代謝和屠宰過程後已無逾量殘留，加上台灣邊境嚴格檢驗把關，其實可以放心食用。

而且，台灣人的消費傾向，還是偏好溫體豬肉，美豬是冷凍進口，本來就不對台灣人的胃口。即使禁令解除，多數豬肉進口商不進口，民眾其實要吃到美豬的機率微乎其微。

當時，衛福部長陳時中也針對萊豬的標示，進行了說明：「過去並沒有前例，國際也認為將殘餘農藥、動物用藥當做標示，恐有歧視之嫌。」他表示，當初開放美牛也未標示萊劑，呼籲朝野應共同體諒、共同解決問題。

這幾年政府對於農漁民的福利以及各種加工、冷鏈、畜牧、防疫設施的輔導補助，讓國內農漁蔬果業更有國際競爭力，減少了政府擴大美國肉品進口政策的阻力。

關鍵中的關鍵，爭取到豬農的支持

美豬開放，不但消費者關切，豬農也擔心因此會受到衝擊，肉價會崩盤。

為了穩定軍心，農委會、中央畜產會等單位兵分多路，赴養豬大縣進行座談，讓他們了解美豬在國內的競爭力遠比不上台灣的溫體豬。農委會也祭出百億產業基金，要在四年內達成輔導養豬場現代化、擴大出口拓銷台灣豬等八大目標，推動養豬業升級與轉型。

接任行政院長第一天，蘇貞昌就前往桃園機場視察，彰顯防堵非洲豬瘟、保護養豬產業的決心。同樣的，二〇二一年一月起，開放美豬進口政策上路後的第一個上班日，一月四日，蘇貞昌

就到台北港視察進口豬肉查驗作業。衛福部食藥署也在官網成立「豬肉儀表板」，按日揭示豬肉進口量及逐批查驗結果。

嚴格查驗之外，行政團隊也積極輔導畜牧場更環保、提升並更新肉品屠宰場設備、豬肉分切、運輸等都要全程冷鏈。因為有冷鏈，即使天氣炎熱，豬肉的生菌數仍能大幅減少，讓消費者吃得安心，也有助穩定肉品的價格。

美方要的是消除商業歧視，並沒有要求台灣保證採購量，加上政府在守護國民健康與保障豬農收益的前提下，所推出的配套措施齊全，開放美豬進口後，國人對國產豬肉的需求量反而增加，台灣豬肉的自給率從九成增至九成三，價格也是十幾年來最高。

打造冷鏈之外，為了完善農民福利體系，政府推動「三保一金」，包括了農業保險、農民健康保險、職災保險及農民退休儲金制度等，從實質福利上增加對農民的照顧。豬農感受自身權益獲得保障，對於開放美豬的疑慮也逐漸消除。加上肉品進口商一再出來協助說明，婦女坐月子要的都是市場上的溫體豬，「台灣自己的豬內臟都吃不完了，沒有必要進口美豬內臟」，也大幅降低民眾的擔心。

全世界有一百零九個國家／地區允許進口含萊劑豬肉，「跨太平洋夥伴全面進步協定（CPTPP）」的十一個成員國皆在其中。台灣正爭取加入CPTPP，開放萊豬的承諾不

僅與台美貿易有關，也會影響台灣未來加入CPTPP的機會。

面對萊豬爭議，農委會主委陳吉仲強調，做好完善的配套，從嚴把關，即使開放萊豬，市場上也不見得會出現萊豬，消費者無食安之虞，國產豬肉價格不會崩盤，豬農還可以獲得補貼優惠，台灣也可以因為接受國際標準並履行承諾，向CPTPP更進一步。

千年藻礁，對上天然氣接收站

四大公投的議題中，有兩項最是考驗執政團隊的「當家難」：美豬開放，是在台美貿易和全民食安之間，找出兩全之道；而藻礁議題，則是在能源政策和環境保育之間，求取折衷方案。

二〇一一年，當時總統參選人蔡英文提出「二〇二五非核家園」，目標是讓台灣二〇二五年後不必依賴核能發電。二〇一六年民進黨執政後，「二〇二五非核家園」便成為能源政策的主軸。

隨著核電陸續除役，有人擔心北部地區將可能出現供電缺口。而台電在桃園大潭電廠新建的八、九號天然氣發電機組，完工後每年可為北部提供一百三十七億度的電量，約六%備用容量，約相當全國家庭三・七個月用電。

同樣的發電量，如果使用燃煤發電支援，必須消耗五百萬噸用煤。在全球能源轉型的趨勢，以及政府力求穩定永續的供電系統下，用天然氣發電除了可以解決供電缺口，還能大幅減少空氣污染、降低碳排放量。

天然氣發電，需要興建天然氣接收站。台灣原有兩座天然氣接收站，分別位於台中、高雄。馬英九執政時原本預計設立第三座接收站（簡稱「三接」），地點就在大潭電廠外的觀塘工業區。由於選址處面積高達兩百三十二公頃，下方處部分有藻礁，在環保團體的強烈抗議下全案停擺。

二〇一八年，蔡英文政府重啟此案。為了避開藻礁，將選址面積縮小到只剩馬政府時期的十分之一，二十三公頃，開發面積減少九成，並在二〇一八年十月八日通過環評大會。但環保團體仍然堅決反對在此處興建三接站。

環團再三強調大潭藻礁在自然生態上的重要性：這是全球少數僅存的現生淺海藻礁，歷經了七千五百年才形成現在的規模。大潭藻礁居住著近百種生物，包括了保育類的柴山多杯孔珊瑚、綠蠵龜、台灣白海豚等。國際保育組織 Mission Blue 還將大潭藻礁列為東亞第一個生態希望熱點，並宣稱，在藻礁上蓋起天然氣接收站，寶貴的生態將萬劫不復。

為了阻止中油的三接工程，環運人士潘忠政結合超過七十五個公民團體，在二〇二〇

經濟部長王美花親自在數千人的群眾場上說明政府新的「三接」外推方案，開發面積已經縮小為十分之一，接收站也離岸 1.2 公里，對於藻礁的影響很小。

年六月底發起「搶救藻礁公投」，經過兩階段的連署程序，順利成為第二十案全國性公民投票案。

百億外推方案護藻礁，爭取環團支持

起初，藻礁公投的討論度並不高。這個議題太專業，也距離一般人生活比較遙遠。第二階段的連署，經過兩個多月才達到十萬份。

隨著重啟核四以及反萊豬公投分別成案之後，原本是展現民意的公民投票，演變為藍綠政治角力的戰場。在國民黨黨主席江啟臣參與了藻礁公投的連署後，新聞版面急遽增加，迅速引爆了連署熱度，短短的十數日內，連署人數是過去兩個月的三倍以上。

民進黨向來跟環保團體保持著較友好的關

係，面對藻礁公投的挑戰，民進黨政府也不希望與環團決裂。過程中不斷的溝通、協調，希望能取得其理解，降低反對三接開發的聲浪。

農委會主委陳吉仲是環運出身，扮演了政府和環團間重要的溝通橋梁。他居中斡旋，邀請環團的重要幹部跟經濟部對話，希望建立共識，找出雙方都能接受的折衷解決方案。

為了展現誠意，二〇二一年五月三日，行政院宣布了「三接再外推方案」。在環評許可的範圍內，將工業港再外推四百五十五公尺，已離岸一．二公里，完全避開潮間帶藻礁。外推方案強調不浚挖，不破壞水下礁體，並取消原外海填區二十一公頃，防波堤變短，海域更開放。

一旦採取外推方案，工程將延期兩年半，預算增加一百五十億。即使得付出更高的代價，政府也要以「顧供電，也護藻礁」為目標，爭取廣大民眾的支持。

負責研擬替代方案的經濟部長王美花透露：「外推方案是經濟部與學者、專家團體、年輕朋友，經過多次溝通與對話，在增氣、減煤、非核、護藻礁及供電穩定前提下，提出最有誠意的做法。」

環團曾提出「第三接收站遷到台北港」的替代方案。經濟部經過評估，認為不可行。王美花解釋，如果接收站蓋在台北港，接管到大潭電廠，海管要走五十公里，會經過更多

藻礁，而陸管要走四十公里，會經過更多人口密集區。如果採取遷移做為替代方案，不但耗時長且難度更高，甚至有更大的風險。

行政院的外推方案，逐漸得到部分環團的支持，除了藻礁公投的領銜人潘忠政和幾位環團人士之外，在確保能降低對核能和燃煤發電的依賴，提高污染較低的天然氣發電比例下，社會各界逐漸可以接受這項對環境衝擊最小的方案。

蘇貞昌力主不提對案，以「四個不同意」應戰

藻礁公投，加上之前已成案的核四、萊豬、公投綁大選等三項公投，全部與民進黨政府已實行的政策（核四不重啟、開放美豬、定期公投、興建三接案）有關，而且都是相反的立場，因此也被視為二〇二〇年民進黨勝選後，在野陣營對執政黨的不信任投票。

四大公投輸了任何一項，不僅對於台灣未來政治、經濟、外交發展都有重大影響，對於執政團隊更是重大的打擊。「每一案都不能輸」是全黨共識，但是該怎麼打這場仗，黨內卻有不同的看法。

二〇一八年大選，民進黨冷處理公投案，心想只要同意票數不過門檻就好。消極應戰的結果，大選及公投都慘敗。

態度・堅持

「混亂對執政者有害而無利。最好的方式，就是直球對決，直接跟民眾說明我們的政策，」羅秉成強調：「要對話，不要對案，也不要對立。」

有鑑於此，這次從民進黨高層到黨團內部，主張應該提出四個對案應戰的聲音甚強。他們認為，提對案才能清楚論述執政黨的主張，如果不提對案，只能向支持者訴求不去投票或是投反對票，這是一個只能防守的戰場。而且，只要有公投案過關，內閣就有總辭負責的危機。

但如果由立院黨團來提對案，不但作業時間太趕，還可能在立法院中先形成激烈的政治對抗，對執政團隊不利。因此主張提對案的一方，認為應該由行政院來提對案。

然而，蘇貞昌和幕僚都不認為提對案是好主意。行政院顧問丁怡銘認為，提對案後難以宣傳，特別是萊豬和藻礁兩題，政院要如何寫出說服民眾的公投題目？加上在野黨在四個題目上立場不一，他主張用「四個不同意」與在野黨對決。

政務委員兼行政院發言人羅秉成也反對四大公投提對案。羅秉成指出，如果行政院提對案，除了內容難寫、宣傳難教（四項同意，四項不同意），民眾當天還得領八張公投票，要花很多時間閱讀內容，選務人員也會人仰馬翻，勢必出現亂象。

蘇貞昌力主不提公投對案，在蔡英文總統拍板後，以號召民眾投下「四個不同意」應戰。而民進黨則想出搭配「台灣更有力」的口號和手勢，宣傳效果頗佳。

「混亂對執政者有害而無利。最好的方式，就是直球對決，直接跟民眾說明我們的政策，」羅秉成強調：「要對話，不要對案，也不要對立。」

因為蘇貞昌力主以「四個不同意」正面迎戰，二〇二一年四月二十一日，蔡總統在邀府、院、黨、立法院黨團，以及執政縣市長會議中，正式拍板「行政院及立法院黨團皆不提對案」。總統並指示傾全力向社會各界說明，重頭戲就是啟動「台灣政進步，向您報進度」的政績說明會，同時向民眾宣講四個公投案都投「不同意」。

台灣隊站出來，部會首長也上演講台

在蔡英文總統定調公投策略採取「四個

不同意」後，府、院、黨便開始動起來，多方作戰，一一化解在野陣營的攻擊。

第一個目標，就是最先立案的「核四重啟」。「非核家園」是民進黨的一貫主張，而在野陣營對於核四案的態度比較分歧，是凝聚不同意票最有利的切入點。

四月一日的行政院會議中，由經濟部進行「核四現況說明」，指出核四的兩部機組，一部是拼裝車，另一部根本未建完，而且設備老舊、無法汰換，安全堪慮。另外，整個廠區正下方有一條S斷層穿越，這對原本就有各種安全疑慮的核四廠，是很大的威脅。

蘇貞昌聽完報告表示：「我以最高行政機關首長身分，明確表示核四不可能重啟，也不應該再重啟。」

五月三日，行政院邀集黨籍立委，除了報告「三接外推方案」，也提出了另外三項公投案的論述，凝聚行政立法共識。

進入十一月，對決時刻倒數，朝野的宣傳攻防也開始白熱化。十一月十三日起，公辦的二十場公投意見說明會陸續登場。相較於在野陣營的發言者以政治人物居多，執政團隊則安排政府官員搭配學者、民間人士。每場電視說明會，發言者事先都經過訓練、沙盤演練，結束後，即時剪輯出精采片段，放上網路廣為流傳。

由蘇貞昌領軍的下鄉宣講團，也從十月三十日起，以大選規格，在五十天內跑了

四大公投過程中，執政黨從民調一路落後，到最後投票結果逆轉勝，蘇貞昌被認為是公投選戰中的「最佳主攻手」。

七十四場。簡明有力的圖卡，加上蘇貞昌詼諧有趣的演講魅力，總是能引起台下聽眾的熱烈共鳴。

比方說，談到「公投綁大選」，蘇貞昌先說起二〇一八年大選，「一邊開票，一邊投票，結果開票到半夜兩點」的亂象。然後他強調，「選人」和「決定事情」必須分開。「選人有名字，不識字也能看照片，看起來順眼的就蓋下去。不然，你看他頭光禿禿的，也給他蓋下去。」台下頓時哄堂大笑。

蘇貞昌接著解釋：「公投都是文字，也沒照片，要找出老花眼鏡一個字一個字讀，讀完還要想一想，佔去很多時間，選民排隊排好長。所以，公投跟大選，分開比較好，不會混亂，也不會浪費時間。」

他用直接淺白的語言，向民眾解釋為何「四個不同意」，結合政績的宣傳，呼籲「台灣隊站出來」。支持者開始回籠，反對者心生動搖。

行政團隊的全國大宣講，甚至還有個意外的收穫。包括內政部長徐國勇、經濟部長王美花、衛福部長陳時中、農委會主委陳吉仲、政務委員羅秉成等官員，都加入宣講陣容。他們平時忙於各部會業務，為了打贏四大公投這一仗而同心協力，每天在LINE群組裡頭討論論述和即時回應，短短數月，培養出革命情感。

其中有一場宣講是在陳吉仲的故鄉萬丹，那天陳吉仲身體不舒服，但他仍堅持站著上台，看著兩千多名鄉親到場支持，感性的他還沒開口說話，就已經哽咽。就因為所有部會首長都有這樣的拚勁，才讓這個團隊更強。

緊盯選務細節，降低變數

二〇一八年，公投綁大選，選民要投的票數增加，投票時間變長。因為圈票處遮屏不足，投票所大排長龍，邊投票邊開票，開到凌晨兩點多才把票開完，民眾怨聲載道。

蘇貞昌二〇一九年上任後，為了防止公投提案數過多，影響投票人流的狀況再發生，他請中選會著手改善。四大公投期間適逢新冠疫情，增設圈票處所需的材料因為進口不易

遇到極大困難。蘇貞昌請行政院副院長沈榮津邀集本土廠商，在台灣趕工製作出一萬多個圈票遮屏。

從二〇二〇年總統大選起，投開票所就已經增闢約一千六百個，而二〇二一年四大公投除了再增加兩百五十多個外，比起二〇一八年公投綁大選，每一投開票所只設置兩個公投圈票處遮屏，這次公投一律設足六個，大幅縮短了投票的時間。

而為了確保投票人流的順暢，蘇貞昌也親自聽取中選會主委李進勇對於投票動線的規劃，一起解決增加投開票所和各種場地配置的問題。

蘇貞昌的「有政府，會做事」，經常是體現在這些小細節。人民或許只是覺得排隊的速度變快，其實是政府從每個環節用心規劃設想、且一一執行到位的結果。

逆轉！不同意票完勝

二〇二一年十二月十八日，下午四點。公投結束，旋即進入開票作業。

人還在行政院的蘇貞昌，走進院長室旁的會議室，和幕僚一起看著電視上的即時開票轉播。

公投前，民調結果並不樂觀，執政黨一直都處於四項全部大輸的劣勢，尤其以「反萊

態度·堅持

我要深深感謝台灣人民再度負起責任、行使公民權，共同參與這一次四個公投的歷程，每個台灣人都應該為我們國家的民主感到驕傲。

豬」一項落差最為懸殊，同意的比率高達近七成，不同意的比率則只有三成不到。即使是投票前三天，根據TVBS民調，除了「重啟核四」這項小贏三%，其他三項公投仍然有相當的落差。

雖然一直保持著高昂的鬥志，如果最後的投票結果仍不理想，蘇貞昌和幕僚也做了最壞的打算。

「我們都已做了簡單的打包了！」當時幕僚已做好內閣可能總辭的準備。然而，從一開始開票，四個公投的不同意票就一直處於領先的優勢。由於投票率只有四一%，投票結果很快就明朗了：

——重啟核四的不同意票為四百二十六萬，對上同意票三百八十萬。

——反萊豬的不同意票為四百一十四萬，對上同意票三百九十四萬。

——反三接的不同意票為四百一十六萬，對上同意票三百九十萬。

——公投綁大選的不同意票為四百一十二萬，對上同意票三百九十五萬。

四大公投的同意票都沒有過關，也未達四百九十六萬票的門檻，不同意票還完勝。

得知結果後，蘇貞昌在臉書上感性寫下：「我要深深感謝台灣人民再度負

起責任、行使公民權，共同參與這一次四個公投的歷程，每個台灣人都應該為我們國家的民主感到驕傲。」

「台灣已經歷經多次民主的選舉，無論政治上有多少分歧，始終必須團結走下去，才能將台灣建設成一個世世代代安身立命的家園。政府也會根據四個公投的結果，繼續推動能源轉型、參與國際自由貿易體系，做出好成績，讓台灣更有競爭力，也讓人民能享有更多福利。」

人民決定台灣的未來

二〇二〇年總統大選，執政團隊主打「有政府，會做事」。二〇二一年四大公投，依然主打政績牌，更強調跟民眾對話的誠意。

對於四個公投議題，每個民眾的理解、感受都不同。除了本身對議題的想法，對政府的信任感，也決定了選民是否出門投票、要投下同意或不同意票。朝野雙方都在動員支持者，而從公投結果來看，執政團隊至少做對了幾件事。

首先，行政院決定不提對案，「四個不同意」的訴求，簡單清楚，支持者很容易理解。如果當初的決定是提對案，四個議題、八個案子，選票有四張要蓋同意，四張蓋不同意，

蔡英文總統這幾年的成功施政和外交努力，讓世界看見台灣、肯定台灣、支持台灣，也讓民眾對於台灣經貿走向世界更有信心，增加對政府政策的支持度。

> **態度・堅持**
>
> 公投的結果，其實是人民的勝利。國家主人共同決定台灣未來，讓台灣民主又深化一步。

只會造成支持者的混亂。

其次，一經定調「四個不同意」，府、院、黨目標一致。蘇貞昌帶領行政團隊下鄉宣講七十四場，「四個不同意，台灣更有力」的口號，深植人心。

相形之下，在野的國民黨雖然主打「四個都同意」，國民黨籍的新北市長侯友宜、台中市長盧秀燕、宜蘭縣長林姿妙都表態反核四；民眾黨支持反萊豬、珍愛藻礁，對其他兩項不表態；時代力量反對重啟核四，其他三項則投同意票。

在野陣營立場分歧，戰力潰散，終究不敵團結的執政黨。

拋開各種策略、戰術不談，這一仗的關鍵，最終還是台灣在全球疫情期間守住了經濟、政府持續增加了福利，端出了扎實的政績做基底，彰顯了「有政府，會做事」的印象，並用清楚的政策論述說服人民，才扭轉逆勢取得勝利。

公投的結果，其實是人民的勝利。國家主人共同決定台灣未來，讓台灣民主又深化一步。

就像造勢晚會播放的那首《文武旗飛》：「無盡無限的將來，堅持勇氣要改變一切，走過險山惡水地變，四面八方挑戰，創造新天地⋯⋯」即使過了公投這一關，未來還有更多挑戰，接踵而至。

掃描看影片

蘇貞昌手持一根撞球桿到全國各縣市進行宣講，用行政院的政績來說服民眾，台灣要繼續走向國際，國家的經濟才能永續發展。
https://fb.watch/mQ1WD8N_VL/?mibextid=v7YzmG

蘇貞昌向民眾說明政府降低燃煤發電、以氣代煤的必要性，以及為了保護藻礁生態和兼顧經濟發展的努力。
https://fb.watch/mRDQ-4ZmAu/?mibextid=v7YzmG

第三部

一念之間，守住台灣

第七章

守護豬農

兩個養過豬的孩子，為台灣擋下非洲豬瘟

因爲少年時家裡養豬的經驗，
蘇貞昌深知豬瘟對養豬人家的打擊。
爲了避免口蹄疫的悲劇重演，
守護兩千億養豬產業的生計，
蘇貞昌堅守防線，沒有妥協的空間。

蘇貞昌慰勞機場防疫人員，也特別帶了零食罐頭慰勞「護國神犬」

行李轉盤開始啟動，五顏六色的行李箱，陸續來到檢疫犬眼前。穿著綠背心的米格魯犬，身型小巧，有著絕佳的靈敏嗅覺。在領犬員的牽引下，牠跳上了轉盤，穿梭在行李間。

檢疫犬經過一只行李箱時，停住腳步，坐下，代表發現可疑物。行李箱被打開檢查，現出了兩包肉乾。行李箱的主人滿臉懊悔，解釋這是帶給朋友的禮物，一個沒注意，就放進行李，帶到了台灣。

肉片遭到沒收、銷毀。這群檢疫犬被稱為「護國神犬」，因為牠們正努力為台灣擋下非洲豬瘟的浩劫。

非洲豬瘟，一九二一年起源於非洲肯亞，二〇一八年在中國爆發後，與台灣近在咫尺，任何一件從中國竄入的肉製品，都可能是刺向

台灣養豬業心臟的匕首。

非洲豬瘟病毒的特性是可以長時間附在肉品上（冷藏豬肉一百天、冷凍豬肉一千天、火腿一百四十天等），再藉由廚餘、節肢動物、動物分泌物或排泄物、車輛及人員夾帶等途徑傳播出去。病毒雖不會影響人體健康，但豬隻一染疫，卻是無藥可救，只有死路一條。

一旦病毒流入台灣，蔓延開來，災難降臨將有如摧枯拉朽。「豬隻死傷慘重，豬農破產，賣飼料的、載運豬隻的、屠宰的、賣豬肉的，以及賣肉羹、肉鬆、肉丸、貢丸、肉乾、香腸等肉製品的……，整個養豬產業鏈，上上下下，每年損失高達兩千億元，台灣養豬產業更將元氣大傷，難以翻身。台灣人吃不到自己的豬肉，豬肉價格更加難以控制。」這是蘇貞昌常常在演講場提醒民眾的一段話。

機場是防堵非洲豬瘟的第一線。除了檢疫犬敏銳的鼻，還要靠財政部關務署儀檢人員的鷹眼，他們全天緊盯著 X 光檢查儀，找出行李中各種可疑的物品，加以註記，不能錯放任何漏網之「肉」。

然而，危機並沒有消失。每一天，境外的病毒都在伺機行動，等待著一個防疫破口的出現。

養豬人家的辛酸

早上五點，蘇貞昌已經起床。讀報，是他開始一天的儀式。他瀏覽標題，每讀到一則非洲豬瘟的相關消息，心中便會警報大作。「要守住台灣，不能淪陷。」

在屏東成長的少年記憶，彷彿老電影的畫面，又在眼前上演。那時候，家裡孩子多，經濟壓力大，便試著養豬貼補家用。蘇貞昌是家中長子，收餿水、種豬菜（蕃薯葉），餵豬的工作，就落在他身上。

平常人家的餿水桶，一定是放在最不起眼、最暗、最髒的地方，或是屋後的暗巷，或是室外廁所旁。蘇貞昌去收、倒餿水時，對方經常擺出「給你施捨」的姿態，不但要求他把餿水桶擦拭一番，周邊地上也得清理乾淨（因為主人自己通常隨手亂倒）。

蘇貞昌記憶最深刻的是，當年去人家後巷收餿水時，看進窗內，那家的孩子正是自己的同班同學，而家教正在幫他補習功課。

養豬人家的辛酸和辛苦，蘇貞昌點滴在心頭。

在後院自養的兩頭小豬，好不容易長成大豬、肥豬，眼看就要大功告成，可以換得現金時，豬隻突然不吃東西，成長停滯，病懨懨的。終年的辛苦就要血本無歸，全家人都嚇

壞了。豬隻染疫對養豬人家打擊的親身經驗，至今仍深深刻在蘇貞昌心底。

蘇貞昌可以想像，現代的養豬場都是幾百頭、幾千頭的規模，一旦發生豬瘟，病毒如惡火燎原，豬農一生心血盡去、全家破產的慘狀，那正是地獄張開血盆大口。

口蹄疫慘況，怵目驚心

養豬產業的地獄，蘇貞昌見過。一九九七年，他當時是台北縣立委。三月十四日，一件豬隻檢體送到台灣家畜衛生試驗所，檢驗人員還以為只是常見的豬水疱病。接下來幾天，七個縣市都發生類似疫情。三月二十日，農委會正式宣布，台灣爆發「豬隻口蹄疫」。

骨牌效應立刻出現：豬價當天下午就暴跌，從每百公斤四千元腰斬到兩千元。豬農看著肉品市場直線墜落的牌價，連哭都沒力氣，只能無助哀嚎：「破產了。」四個月間，三百多萬隻豬遭到撲殺。一萬八千多家豬農消失。飼料廠、肉品加工廠紛紛倒閉。五百億外銷日本市場的產值也瞬間消失。整體經濟損失超過一千七百億元。

「朋友的豬死得很慘，我完全不敢開門，」有豬農回憶起當年慘況，仍然心驚肉跳。

當年台北縣石碇鄉養豬場不少，是重災區之一。大批豬隻死亡、掩埋，屍身滲出的血水四溢，異味撲鼻，附近居民大聲抗議。因為豬農人手不足，軍人被派去幫忙撲殺、掩埋，

悲慘的景象在年輕的心靈留下終生的創傷後遺症……。

這一幕幕，看在養過豬的蘇貞昌眼中，特別痛心。

根據農政單位判定，台灣爆發豬隻口蹄疫，罪魁禍首很可能是從中國走私到台灣的活體小豬或生鮮豬肉。由於錯失第一時間防疫，造成了台灣養豬產業二十年的浩劫。

「千里之堤，潰於蟻穴。」當堤防出現第一個孔隙，大水就有機會淹沒整座城市。災難經常來自一個不經意的疏忽。面對來勢洶洶的非洲豬瘟，蘇貞昌必須做的，就是確實要求各部會，盡全力封住每一個孔隙。

上任首日，機場上演「震撼教育」

二〇一九年一月十四日，蘇貞昌再任行政院長的第一天。上午，他完成交接，主持臨時院會；下午，他直奔桃園，視察機場的豬瘟防疫措施。

這是蘇貞昌上任後的第一個行程，桃園市長鄭文燦、農委會主委陳吉仲在旁陪同。各家媒體的鏡頭一字排開，大家都很好奇，蘇貞昌會端出什麼樣的「起手式」。

當天負責簡報的是防檢局新竹分局長，之前已經對前院長賴清德及蔡總統簡報過，所以說得熟練又得意。他先指著面前堆積如山的金華火腿、臘腸等肉製品說：「這是我們驗

中時新聞網 | 生活

入境旅客哭！手提行李全面安檢 網笑：豬腦

12:43 2019/01/16 | 中時新聞網 | 尉遲佩玉／綜合報導

聯合報 焦點 A2

蘇揆要求百分百「短時間根本做不到」

手提行李檢查率僅5成

防疫持久戰 別淪口號視察秀

社論 虐童頻傳，迴映社會人倫的崩壞

調派人力支援 通關加設防線 還有「秘密武器」…

台中高雄兩機場 百分百達標

聽・小英在對誰說話？

上任首日就點火 衝第一線防非洲豬瘟

蘇揆怒飆防檢局官員

上午／對關員提出兩項要求

下午／到及履及衝桃園視察

「在車上就跟部會協調好」

蘇揆下馬威

蘇貞昌要求手提行李百分之百檢查，以徹底阻擋肉品夾帶入關，影響了民眾入境的速度，還一度引來部分媒體以「不可能」、「豬腦」字眼嚴厲批評。但在蘇貞昌的堅持下，政府加購X光機與加派人力，加上民眾配合，離中國最近的台灣，得以擋下非洲豬瘟。（圖片來源：中時新聞網、聯合報）

出沒收的。」蘇貞昌問：「怎麼檢驗的？」分局長回答：「隨身行李抽驗三〇％。」蘇貞昌當即指出：「那不就表示每天從境外流入的豬肉，還有七〇％沒有抽驗就進入台灣，是這些沒收的兩倍多？」

蘇貞昌又問起罰單，得到的回答是：「每張二十萬的罰單，已開出四十張。」蘇貞昌跟著問：「繳款的幾張？」分局長回答：「兩張。」官員看蘇貞昌的臉色逐漸嚴肅，立刻補充：「我們會繼續追。」蘇貞昌當場下令：「即日起抽驗改為百分之百檢查」、「沒繳清罰鍰不准入關」。

蘇貞昌這場「震撼教育」，成了隔天的報紙頭條。有媒體下重口味標題：「蘇貞昌怒飆官員」、「手提行李全面安檢，網笑：豬腦」。為了強調全面安檢是擾民之舉，甚至還有媒體去拍攝入境旅客大排長龍的畫面。

只要出現一個破口，整張防護網就形同虛設。全面安檢會讓旅客感到不便，卻是整個養豬產業的第一道防線。因此，讀完報紙的蘇貞昌打電話給時任財政部蘇建榮部長：「就算排再長，我也絕不退讓！」堅守防線，沒有妥協空間。

曾有陸客團一人夾帶豬肉入境被查到，不夠錢繳罰單因而無法入境，只好全團邊罵邊湊錢，還沿路罵回中國，對著鏡頭罵、在網路上也罵，無形中等於替台灣的嚴格防疫做

宣導，因為蘇貞昌的堅持，至今已遣送回一百二十多人，一定程度達到嚇阻效果。

新官上任的起手式，媒體都把焦點放在機場視察。事實上，蘇貞昌當天還去了一趟桃園新屋欣倫畜牧場，了解養豬所用的廚餘蒸煮流程。

這家畜牧場養黑毛豬近三十年，不同於白毛豬吃飼料，飼養黑毛豬用的是廚餘。廚餘是非洲豬瘟最主要的傳播管道。全台有近七百戶的廚餘養豬戶，如果貿然下達廚餘禁用令，不但衝擊養豬產業，每天一千兩百多噸的廚餘也無處安放。落實廚餘高溫蒸煮再餵養，才是解決之道。

簡報時，畜牧場主人說明，他們使用的廚餘都是高溫 100 °C，煮上六個小時並且放置到隔日，才拿來餵豬，「我們很重視廚餘的處理，會全力配合政府政策，一起為防疫努力。」

聽到這番話，蘇貞昌緊繃的臉上，總算流露了一絲欣慰。

決策者的魄力

清晨或夜晚，當手機響起，螢幕出現「未顯示號碼」，陳吉仲立刻繃緊神經，恭恭敬敬接起電話。另一端，傳來蘇貞昌的聲音。

蘇貞昌的手機號碼是隱藏起來的。經常接到他電話的官員和幕僚都知道，當「未顯示

蘇貞昌在視察完機場防疫作業後，立即趕往附近的畜牧場視察廚餘養豬的處理程序，以及出入畜牧場人員的管制流程。

號碼」出現，十有八、九是院長來電。

「院長上任的第一個月，我幾乎天天接到他的電話。」陳吉仲說。電話中，蘇貞昌緊盯著加強防疫措施的進度。他要求手提行李全面安檢，設備、人力不夠，「要錢給錢，要人給人」：內政部及財政部前後共增加了七十二台X光機；檢驗人手不足，就補上一百九十一人，全天二十四小時三班輪值。時任內政部長的徐國勇在接獲蘇貞昌指令後，不但迅速協調警力支援與X光機採購，還親自到機場視察行李檢查過程。經歷了幾日的媒體報導，民眾也漸漸從抱怨轉為理解，支持政府的作為。

當時正逢農曆年前夕，陳吉仲尾牙辦到一半，蘇貞昌電話來了，尾牙宴立刻轉

當時的內政部長徐國勇為落實全面檢查手提行李，立即在機場增設數十台 X 光機，並增補 90 名航警來提供支援，迅速達成行政院交付的任務。

成主管會議。而陳吉仲平時嗜好是打網球。假日打球時，他還會把手機音量開到最大，放在邊角椅子上，「甚至不敢上網擊球，僅留在底線抽球，就是要避免漏接院長的電話。」陳吉仲笑著回憶那段日子。

陳吉仲每次在院會報告，總是壓力如山大。每一位部會首長的報告，蘇貞昌不但聽得認真，而且會提出一針見血的問題。報告者如果只是唸資料、背數字，無法說明「問題在哪裡？解決的方法是什麼？誰做？何時完成？」沒有充足準備，很容易當場被問倒。此時，蘇貞昌會繼續看著報告者，等待答案，整個會議室就成了冰櫃，氣氛完全凍結，非常尷尬。因此，開會前，陳吉仲都得做足準備，才敢上場。

一開始，陳吉仲有點吃不消，甚至懷疑自己

「我在蘇院長身上看到決策者的魄力。一旦指令下達，部屬想方設法都得完成，絕對沒有『辦不到』、『不可能』，」陳吉仲強調。

能否撐過去。經歷了半年，他反而愈戰愈勇，潛力開始爆發。

陳吉仲坦言：「防疫工作牽涉層面很廣，院長展現了非做好不可的決心，且把相關部會的分工律定好，又緊盯進度，才能將跨十四個部會，而且長時間、夜以繼日的防疫工作，徹底落實。」

除了阻絕於關口，也要嚴查市面有無不明來源流入的豬肉。之前，空運快遞有所謂的「併袋通關」（多件貨物可包在一袋中通關，X光機檢查較為困難），可能成為境外肉品流入的管道，二〇二一年八月下旬果然在外籍移工出入的小吃店中，發現帶有非洲豬瘟病毒的豬肉。在蘇貞昌強力要求下，當時的警政署長陳家欽在三天內動員全國警力高密度稽查上、中、下游通路業者、移工商店、小吃店約一千三百處，並調度航警局、保一總隊全力支援財政部關務署，加強貨棧倉儲區之管理，總算暫時堵住這個缺口。而在前後任關務署長謝鈴媛、彭英偉的接續努力下，自二〇二一年十一月起，起運地或產地來自東南亞非洲豬瘟疫區的貨物，不得併袋通關，二〇二二年四月起，更全面取消併袋通關。

另外，連電商在網路上販賣的捕鼠籠內附贈的火腿誘餌，都曾暗藏著防疫風險。蘇貞昌也立即要求修正動物傳染病防治條例，規範電商平台不得販售來自非

洲豬瘟疫區的肉製品，確實遏止廠商矇混過關。

「我在蘇院長身上看到決策者的魄力。一旦指令下達，部屬想方設法都得完成，絕對沒有『辦不到』、『不可能』，」陳吉仲強調。

他舉例，除了豬瘟防堵，蘇貞昌也高度重視外來種「埃及聖䴉」的清除。從私人野生動物園逃出六隻後，埃及聖䴉在台灣野外大量繁衍，危及台灣原有生態。在蘇貞昌的要求下，農委會林務局自二〇一九年啟動獵槍清除計畫，布下天羅地網，四年內已清除超過兩萬隻成鳥及幼鳥，持續朝向「清零」前進。

豬農就是我的家人

進入公職前，陳吉仲是著名的農業經濟學者，擔任過台灣農村經濟學會理事長。他跟農業的牽絆很深，自己更是屏東豬農之子。

每當陳吉仲回到故鄉萬丹，他彷彿又變回了那個古意的農村少年。他排行老二，是家中最會念書的孩子。父親為了栽培他，特別送他去屏東市念國中。即使如此，回家時，餵豬、掃豬舍、幫母豬接生，以及採收紅豆、茄葉，該做的農務，一樣也少不了。

陳吉仲赴美攻讀博士時，台灣爆發口蹄疫。家中兩百多隻母豬遭到撲殺、埋坑，養豬

除了邊境的防疫，農委會也緊盯養豬場，輔導業者落實廚餘高溫蒸煮，來防堵非洲豬瘟病毒入侵。圖為農委會主委陳吉仲視察養豬場。

場被迫關門。不巧的是，疫情之前，為了建豬舍，父親才剛去跟萬丹農會貸款近四百萬。疫情如狂風掃過，留下的是空蕩蕩的豬舍，以及沉重的債務。

返台後，陳吉仲在中興大學教書。為了幫忙還貸款，他的帳戶經常不到四位數。當時他已成家，太太和兩個孩子都跟著他縮衣節食。一家四口經過學校附近的餐館，看看門口的價目表，一個人就要價好幾百元，根本不敢踏進去。看著吞口水的孩子，陳吉仲的心，又苦又尷尬。

豬農的苦，豬瘟的痛，他刻骨銘心。因為有著這樣的背景，說著彼此可以理解的語言，陳吉仲跟各地的養豬協會關係良好。他廣泛跟豬農溝通，聆聽

不同立場的聲音。

對於「廚餘飼養」，養豬界一直有不同的意見。有一派主張，應該徹底淘汰廚餘養豬，進行產業轉型；另一派則認為，廚餘經高溫蒸煮就沒有傳播病毒疑慮，維持廚餘養豬不但保存黑豬文化，也解決了環保問題。

用廚餘飼養的黑毛豬養殖戶只佔全國豬農約一成，即使是少數派，陳吉仲仍重視他們的權益。經過再三協調，農委會宣布，養殖數兩百隻以上、高溫烹煮設備完善的養豬場，可以繼續使用廚餘。至於養殖數未達兩百隻的小型養豬場，烹煮設備比較不足，政府會輔導轉型或退場。

每一項政策都可能引發批評的聲浪。陳吉仲經常下鄉跟各地的豬農交流，以堵住非洲豬瘟為前提，在各種權益考量中，找到最大的公約數。

事實上，來到地方，他脫下西裝，跟豬農水乳交融，打成一片，反而感到輕鬆自在。「因為，我家就是豬農，豬農就是我的家人。」陳吉仲說。

海漂死豬，如臨大敵

冷冽的海風中，一隻死豬靜靜躺在金門縣的田浦海岸，屍身已經發黑。岸巡人員先發

當時的防檢局長杜文珍回憶，要達到手提行李百分百檢驗是一大考驗，但航警局主動說：「我們先來做，等你們人補齊再接手。」2019 年韓國發生疫情被列入非洲豬瘟疫情國家，移民署也說：「你們忙著要公告，韓文版文宣我們來做。」各級單位都主動合作，令人感動！

現後，現場拉起封鎖線，並趕緊通報。金門動植物防疫所人員迅速抵達。他們穿上防護衣，將約七十公斤的死豬裝進塑膠袋，抬離現場。

死豬採樣後，就遭銷毀。樣本送往新北市淡水的家畜衛生試驗所。如果死豬身上驗出的是非洲豬瘟病毒，而且還是來自當地養豬場，那就是台灣出現了本土案例，形同防疫失守，當時中央和地方都繃緊神經，如臨大敵。

現任農委會副主委杜文珍，當時還是防檢局局長。金門死豬的檢驗報告送到她手上，確認帶有非洲豬瘟病毒。由於死豬身邊布滿海洋垃圾，代表很可能是漂流入境。杜文珍和團隊立刻蒐集資料，根據金

態度・堅持

喜悅或感傷，皆因對這片土地有情。守護豬農，不只是他們的工作，更是一份「一生懸命」的使命。

門縣風向及海流漂流經驗，研判死豬是從中國漂流過來，才稍微鬆了一口氣。

但為了防疫從嚴，死豬地點附近的養豬場仍全面監控，金門豬肉製品輸台也暫停十四天。

海漂死豬陸陸續續被發現，前後有十七件，只有一件的檢驗結果為陰性。發現地點多數在金門，兩件在馬祖，還有一件在新北市萬里的龜吼平台。每次發現漂流死豬，周遭的養豬場都得進行管制和採樣。杜文珍和防檢局的團隊，都在第一時間釐清原因，避免引起恐慌。

一九九七年，杜文珍還是台灣畜衛所的檢驗員，台灣第一例口蹄疫病毒就是她驗出來的。得知結果那一刻，杜文珍掉下了眼淚。因為她知道，台灣養豬產業的大難來了。

杜文珍是德國的獸醫博士。她進入農委會，從基層做起，始終站在防疫第一線，深耕動物疾病防治。她形容自己：「是從小姐時期開始防疫，一直防到成為歐巴桑。」

杜文珍、陳吉仲、蘇貞昌，都跟口蹄疫有不同的淵源。在防堵非洲豬瘟的過程中，跟長達二十四年的口蹄疫抗戰先畫下了句點。二〇二〇年六月十六日，

蘇貞昌在數千群眾前做政績簡報，總能大聲表示，中國周邊 17 個國家都已淪陷，只剩台灣及日本擋下非洲豬瘟，這背後其實是決斷力、魄力，及許多環節的執行到位在支撐。

台灣獲世界動物衛生組織（OIE，後改名為WOAH）正式通過，成為日本以外，亞洲唯一的「口蹄疫拔針非疫區」。

消息傳來，杜文珍的反應是「高興到睡不著覺」。六月十八日，陳吉仲在院會報告時，講到父親就是那因為口蹄疫而破產消失的一萬八千多個養豬戶之一，哽咽到說不出話。院會中，蘇貞昌說起當年養豬戶的慘狀，也眼眶泛紅，無法言語。

喜悅或感傷，皆因對這片土地有情。守護豬農，不只是他們的工作，更是一份「一生懸命」的使命。

2019 年 8 月 31 日，養豬業者集體在四大報刊登半版廣告感謝政府，表示「現在的政府是史上最重視畜牧業的政府，也是史上最照顧豬農的團隊。」（圖片來源：自由時報）

最照顧豬農的政府

自從成為「口蹄疫拔針非疫區」，台灣當年的豬肉外銷量，就從原本一千六百噸躍升為四千一百噸，成長了兩千五百噸。

早在二〇一八年七月，賴清德院長任內就宣示啟動「口蹄疫拔針計畫」（停止施打口蹄疫疫苗）。到二〇一九年七月，台灣豬口蹄疫拔針滿一年，將向世界動物衛生組織申請成為不施打疫苗非疫區。八月三十一日，中華民國養豬協會、各縣市養豬協會、中華民國獸醫師公會全國聯合會等二十一個團體，就在四大報刊登半版廣告：「政府

態度・堅持

蘇貞昌常說：「政績無法馬上看見，但政風可以不變。」

防疫真夠力，台灣豬肉出頭天」，強調現在的蔡英文政府是史上最重視畜牧業的政府，也是史上最照顧豬農的團隊。

在防堵非洲豬瘟同時，政府也投入一百三十億協助養豬產業改造環境，並耗資一百二十六億建設農、畜、水產品全國冷鏈物流體系。對豬農生計的照顧，及提升農產業的國際競爭力，可以說不遺餘力。

蘇貞昌上任的第一個公開行程，就是到桃園機場視察非洲豬瘟防疫措施。四年任內，跟非洲豬瘟相關的行程就有二十三次。二〇二三年一月三日，蘇貞昌總辭前的最後一個月，仍前往台北郵件處理中心，視察國際郵包動物檢疫強化措施。感謝並勉勵中華郵政公司董事長吳宏謀、總經理江瑞堂，要持續率領第一線郵務同仁與其他防疫機關合作，盡心查察違法郵包、防堵非洲豬瘟。

二〇二三年一月五日，蘇貞昌在行政院會中宣布，台灣要再進一步挑戰脫離「傳統豬瘟疫區」。如果成功，台灣將成為全世界極少數三種主要豬隻疫病（非洲豬瘟、口蹄疫、傳統豬瘟）非疫區國家。蘇貞昌常說：「政績無法馬上看見，但政風可以不變。」他就任第一天就展現的令人印象深刻的魄力和執行力，正是引導政風不變的關鍵。

態度・堅持

> 防疫是一場持久戰，只有指揮官用最強大的決心和意志力，全體動員，才能打贏這場無聲的戰役。

防疫是場持久戰

蘇貞昌卸任前，一連四天，在圓山飯店宴請四年間在一些重大施政上共同奮戰過的工作同仁。其中有一場，是宴請農委會的一級主管，感謝他們在疫情防堵、農業施政上的全力以赴。

離席前，蘇貞昌拍了拍陳吉仲的肩：「以後你還是要防守好非洲豬瘟，不能鬆懈哦。」那一拍，輕如鴻毛，意義卻是重如泰山。

人與人之間的緣分很神奇。蘇貞昌的母親當年在屏東萬丹社皮國小任教，陳吉仲正是她的學生；蘇貞昌第一次參選省議員時，就是借用陳吉仲老家的曬穀場做為政見發表的場地。然而，在這次當院長之前，蘇貞昌並不認識陳吉仲。

「老天爺好像事先寫好了劇本，安排院長和我，兩個養豬的孩子，為台灣守住非洲豬瘟，」陳吉仲感歎。

防疫是一場持久戰，只有指揮官用最強大的決心和意志力，全體動員，才能打贏這場無聲的戰役。

白天或黑夜，總有人緊盯著X光機掃描下的行李，確保沒有肉製品矇混入境；總有人巡查著海岸，攔截不明漂流死豬；總有人前往養豬場稽查，防範未

經高溫蒸煮的廚餘餵養。時時刻刻，從上到下，都有全民組成的防線，為了防堵非洲豬瘟，為了守護台灣，為了豬農，為了讓大家有豬肉可吃，而努力不懈。

掃描看影片

為防堵非洲豬瘟入侵，蘇貞昌宣布外籍旅客違規攜帶疫區豬肉類產品入境，經裁罰 20 萬元以上者，如果沒辦法立即繳清罰鍰，海關會拒絕其入境。
https://www.facebook.com/watch/?v=2224798217772458

蘇貞昌在行政院會上說明政府照顧農民的努力，以及台灣擋住非洲豬瘟、推動豬肉出口的成績。
https://fb.watch/mQ1Hkpvqy5/?mibextid=v7YzmG

回憶起當年口蹄疫入侵台灣，養豬戶血本無歸，農委會主委陳吉仲在行政院會當場哽咽。但這次他當主委，成功為台灣擋下了非洲豬瘟。
https://fb.watch/mTW3LHLzn-/?mibextid=v7YzmG

第八章

防疫典範

挺過百年大疫，做到世界前段班

面對來勢洶洶的百年大疫，
政府提前布署、快速回應、公開透明，
人民信任政府，自願配合抗疫，
台灣創下了民主防疫的典範，
「Taiwan Can Help」，世界看到了。

二〇二三年四月二十七日，下午兩點，中央流行疫情指揮中心舉行第九百六十場記者會，同時也是最終場。指揮官、衛福部次長王必勝宣布，COVID-19將在五月一日從第五類傳染病調整為第四類傳染病，成立將近一千兩百天的指揮中心也同步解編。

記者會尾聲，除了王必勝，還有前任指揮官陳時中、衛福部長薛瑞元、首席防疫顧問張上淳教授、召集人李秉穎、召集人邱南昌、衛福部常務次長周志浩、疾管署長莊人祥、指揮中心發言人羅一鈞，以及擔任副指揮官的交通部次長陳彥伯，在台上一字排開，留下歷史性的合影。長達三年多的抗疫之戰，算是暫告一個段落。

世界似乎悄悄回到了人們原本正常生活的狀態。

很長一段時間，防疫成為全民生活的重點。你全天緊戴口罩。你可能得在家上班、遠距上課。進餐廳吃飯時，座位有隔板。進超商、賣場時，要刷實聯制。你不敢出國，多數時間選擇宅在家。當大樓出現確診案例，整個社區如臨大敵。從疫苗到快篩，朝野吵得天昏地暗。

如今，點點滴滴，都將化為記憶，走入歷史。

這場百年大疫，始於蘇貞昌重掌行政院的第二年。那時候人們還不知道，世界將發生驚天動地的變化……。

SARS之後，大疫再現

二〇一九年十二月下旬，總統、立委大選已進入白熱化階段。

某天，行政院的輿情晨會中注意到一件事：中國武漢生鮮市場出現不明肺炎案例。由於年底到農曆年前台商往返頻繁，而且武漢飛台灣的班機特別密集，蘇貞昌當即裁示，由有公衛背景的副院長陳其邁來主導專家會議因應。

在當時有限的資訊下，陳其邁初步研判很可能是SARS再現。疾管署副署長羅一鈞也在PTT社群平台上分析查覺相關資訊。台灣曾深受SARS之災，此事非同小可。

蘇貞昌曾經走過SARS風暴。二〇〇三年四月，台灣爆發SARS疫情，台北市的和平、仁濟醫院是風暴的核心。一水之隔的台北縣，成為疫情的高風險區。

時為台北縣長的蘇貞昌帶領縣府團隊，迅速進入作戰模式。他連續一個多月，每天坐鎮，緊盯著每項工作細節，從無到有，建立防疫的標準作業流程（SOP）。

當時台北市六所市立醫院都不願意被指定為SARS專責醫院，台北縣立三重醫院在衛生署臨危授命下，承擔重責。縣府團隊展現了高效率，十天內就完成醫院淨空、開闢出九十二間的負壓隔離病房，並與里民妥為溝通。

當年蘇貞昌防治SARS的成效，獲得了民進黨高度重視與肯定。誰也沒想到，時隔十七年，他又在全國最高行政首長的位置，再次面對疫情的考驗。

這一波的瘟疫並非SARS，而是一種新的病毒。病例最早在武漢發現，初期稱為武漢肺炎。二月十一日，WHO（世界衛生組織）宣布定名為「COVID-19」。這是一種嚴重特殊傳染性肺炎。病毒透過人與人之間的飛沫、接觸散播，症狀可能輕如感冒，也可能引發呼吸困難，導致昏迷、死亡。

一場瘟疫，不只是病毒攻擊患者的身體，對疾病的恐懼也會撕裂群眾的心靈。你必須快速決策、提前布署，設下重重防線，建構防病毒破隙的銅牆鐵壁。你必須沉著應變，及時化解危機，不讓恐慌蔓延。人民願意相信政府，才能真正打贏這場防疫之戰。

率世界之先，展開防疫行動

防疫的第一步，就是掌握先機。當世界還未警覺瘟疫正從中國武漢向外擴散，台灣已經開始採取行動應對。

二〇一九年十二月三十一日，陳其邁根據專業管道所獲得的資訊，認為武漢疫情並非空穴來風，經與蘇貞昌院長討論後，當機立斷，展開了防疫的第一步。當天傍晚，就要疾

防疫上半場，擁有公衛經驗的副院長陳其邁是蘇貞昌最倚重的防疫策略擬訂者，負責整合各部會意見，規劃居家隔離和檢疫等流程。

管署召開記者會，宣布對武漢直航入境班機進行登機檢疫，當時不僅是跨年夜，還是二〇二〇年大選投票的前十天。

總統大選完隔天，政府便派了一組專家前往武漢實地了解。「雖然中國方面想方設法隱匿、封鎖消息，專家還是對疫情有更多的掌握和判斷，因而有了後續的應對和處置，」陳其邁透露。隨著泰國、日本、韓國、美國陸續傳出確診案例，二〇二〇年一月二十日，「嚴重特殊傳染性肺炎中央流行疫情指揮中心」成立，三級開設，疾管署長周志浩擔任指揮官。

隔天，在連續二十二天的登機檢疫後，果然也發現了台灣首例確診病患。再兩天後，一月二十三日，小年夜，國內各機關行號已經開始放春節連假的當天早上，武漢突然宣布封城。下午三點，蘇貞昌前往疫情指揮中心宣布改為二級開設，由衛福部長陳時中接手指揮官。

這是個全新的病毒，還沒有疫苗可打。政府的對策，就是在疫苗出現之前，儘可能防堵社區感染。只要緩衝期拉得愈久，就能降低重症和死亡率，對國家經濟和社會的衝擊也會愈小。而台灣，可以說是全球做到最好的國家之一。

邊境檢疫是國家的第一條防線。由於其他國家沒有警覺性，加上世界衛生組織相信中國疫情穩定的說法，疫情迅速在全球如野火燎原，一下子就超過一百五十個國家淪陷。三

月十九日起，台灣限制所有外籍人士入境，入境時只要有症狀，就會進行機場採檢或送往醫院診察，再到集中檢疫所等候檢驗結果。

為了避免病毒進入社區，台灣率全球之先，於二〇二〇年一月底即成立了集中檢疫所。考慮到疫情過後檢疫所的處置，行政院或是徵用公家機關的訓練中心，或是以軍營進行改建，做為集中檢疫所。為了確實隔離，檢疫所皆為一人一室，有自己的衛浴。除了硬體設備，每個檢疫所還得設置醫護、後勤及安全組人員，確保入住者得到完善的照顧。

負責部會協調的行政院祕書長李孟諺透露，部分訓練中心是由地方政府管理，徵收為檢疫所之用，如果附近居民反彈，地方政府就不樂意配合。「我們盡力聆聽民眾的聲音，以實際行動化解他們的憂慮，」李孟諺說。

他舉例，有民眾擔心，檢疫所排出的污水會影響在地的用水，就為檢疫所另外拉一條衛工管；或是有檢疫所鄰近小學，居民質疑距離太近，政府也迅速調整，檢疫所靠外第一排就不安排入住。除了公衛上的專業，政府同步安撫民眾的恐懼。

台灣一共開設了六十三所集中檢疫所，除了用來安置入境檢疫的旅客，後來也收住敦睦艦隊、航空機師、科技廠移工等群聚事件民眾。「集中檢疫所阻絕了高風險者進入社區，是國家檢疫隔離系統的最後一道防線，」參與檢疫所設置的王必勝強調。

由於集中檢疫所成效良好，在中央的建議下，地方政府也落實相同的概念，規劃了「防疫旅館」，方便民眾從事居家檢疫。

口罩國家隊成立

口罩，是每個人面對病毒的第一道防線。尤其是經過SARS一疫，政府和民間都體認，口罩是重要的防疫物資。一旦疫情擴大，口罩的需求就會飆升。

二〇二〇年一月二十一日，台灣出現第一個境外移入案例。時任經濟部長的沈榮津接到陳其邁來電，囑咐經濟部盤點、掌握國內口罩的產能，確保穩定供應。

但現實問題是，口罩生產技術門檻低，而且毛利微薄，產線多早已外移中國。當時國內口罩日產能約一百八十八萬片，就算加班生產也僅可達兩百四十四萬片。考慮疫情一旦擴大，口罩一定供不應求。為了把每一片口罩都留在國內，蘇貞昌於一月二十四日除夕當天下令暫停口罩出口。

這項政策是為了台灣防疫著想，卻有藝人不領情，在臉書發文用「狗官」稱呼蘇貞昌，引發熱議。但在防疫物資寶貴、全民防疫的氣氛下，藝人後來刪文道歉。

當時正逢農曆春節，沈榮津在過年期間密集接洽廠商加班生產，得知年後國內的口罩

蘇貞昌指示時任經濟部長、後來升任行政院副院長的沈榮津擔任防疫物資的總協調，沈榮津用多年人脈找來全國頂尖機械業者，迅速組成口罩國家隊，從每日產能只有 188 萬片，提高到超過 2000 萬片。

在二十四小時的連續生產下，最高產能可達每天四百二十萬片。然而，這樣的產量仍無法滿足國內防疫的需求。有一度，指揮官陳時中甚至示範用電鍋蒸口罩消毒，延長使用的方法。

根據指揮中心的評估，至少日產量必須達一千萬片以上，民眾和醫護人員才有足夠的口罩可用。蘇貞昌立即交辦沈榮津，盡速再建置六十條口罩生產線，提高國內的口罩生產量。

當時台灣僅有長宏、權和兩家口罩機製造商，都是中小企業。沈榮津親自上門拜訪，了解他們

人力有限，也沒有接大單的經驗，生產六十台口罩機，至少要半年。

慶幸的是，台中的工具機業者聽到消息，立刻號召同業幫忙，連夜開車北上，到口罩機工廠支援設備製作，以及交機的安裝測試。沈榮津也指派金屬中心、工研院、精密機械中心等法人單位，派師傅級人手到場協助克服技術、零組件調度等問題，並指派工業局副局長楊志清到場緊盯進度。

二〇二〇年三月六日，六十台口罩機全數完成交機。為了確保口罩充裕供應，蘇貞昌指示再追加三十二台口罩機，在三月下旬完成交機。

從「一罩難求」，到「口罩外交」

有了口罩機，還需要原料、人力到位，才能快速衝高產量。

口罩的主要原料是三層不織布，而中間層具有阻擋病毒效果的「熔噴不織布」最為關鍵。台灣有廠商生產熔噴不織布。不過，由於全球都在爭搶口罩原料，熔噴不織布的價格上漲了三倍。沈榮津便說服業者，放棄賺外銷財，將原料留在國內。

沈榮津還協調不織布公會建立「口罩原料平台資訊系統」，以透明公平為原則，根據口罩廠的產量，進行口罩原料的統籌分配，確保國內口罩在擴產過程中，可以獲得「穩價、

態度・堅持

> 從一開始的「一罩難求」，到全民都有足夠的口罩可以使用，甚至後來可以進行「口罩外交」，捐助全球八十多個國家超過五千四百萬片醫療用口罩，以及其他防疫物資，「Taiwan can help, and Taiwan is helping」成為台灣國家形象最好的宣傳。

穩量」的原料供應。

疫情爆發，全世界都缺醫療用口罩，口罩已經成為重要的戰略物資。台灣約有五十家生產醫用口罩的工廠，產能全數被衛福部徵用。新的口罩機一完成，就馬上配送到口罩廠安裝、生產。口罩廠通常規模不大，面對產線突然增加，既有人力無法負荷。

口罩廠較為簡易的工作，蔡英文總統指派國防部每日支援國軍人力。沈榮津也要求紡織綜合研究所派人駐廠，除了協助業者克服技術問題，也將生產狀況即時向經濟部回報。

由口罩廠、原料廠、設備廠、經濟部、國防部以及法人團隊合作組成的「口罩國家隊」，四十天增建了九十二條口罩產線。二〇二〇年四月初，日產能衝上一千五百萬片，五月中旬甚至突破兩千萬片。

為了確保口罩的防疫效果，經濟部強制所有合格的醫療用口罩都必須打上代表台灣製造的「Made in Taiwan」以及代表醫療用的「MD」鋼印，方便民眾識別。也因為這個流程，當國際媒體捕捉到美國白宮官員臉上帶著台灣致贈的口罩時，上面就印著令人感動的「TAIWAN」。

從一開始的「一罩難求」，到全民都有足夠的口罩可以使用，甚至後來可以進行「口罩外交」，捐助全球八十多個國家超過五千四百萬片醫療用口罩，以及其他防疫物資，「Taiwan can help, and Taiwan is helping」成為台灣國家形象最好的宣傳。

沈榮津短時間內就把原料、零組件、機台、人力，一一蒐羅到位。某位工具機大廠負責人直言：「如果經濟部長不是他，我相信口罩這件事也會做，只是成效會打折扣，時間也可能拉長。」

「創罩奇機」展現了產業界對政府的向心力。美中貿易戰時，工具機業者受到波及，沈榮津曾伸出援手。在他的建議下，銀行沒有對業者抽銀根。因此，當政府需要協助時，這些互為競爭對手的工具機業者也願意以大局為重，組隊義務幫忙。

實名制購買，緩解「口罩之亂」

在口罩開始大量生產前，政府先釋出戰備存量六百萬片，配送到全台一萬多個超商據點，每人限定購買三片。

然而，部分民眾出於恐慌，會跑好幾家超商搶購，有人因為晚一步就撲空。買不到口罩的民怨聲量愈來愈高，而超商店員除了原有的門市服務，還要花時間包裝，也是叫苦連

在全球都缺乏口罩時，台灣產能穩定，以口罩實名制結合超商事務機的系統，讓民眾能到便利商店用健保卡登記獲得口罩，既公平又方便。

天。時任行政院副院長辦公室主任李懷仁向陳其邁副院長提出「口罩實名制」構想，與行政院的「防疫資訊科技作戰小組」尋思口罩平均分配的方式，催生出串連口罩廠商、中華郵政、超商、藥局等服務的「口罩實名制」。而這個系統，後來也持續運用在快篩劑的販售上。

實名制的第一步，就是核對身分。最初想過用身分證，後來發現健保卡的涵蓋範圍更廣泛，沒有身分證的幼兒、移工、在台灣工作的外籍人士，以及剛結婚尚未取得本國籍的外籍配偶，都會有健保卡。

健保系統中，本來就有定期領取慢性處方箋的機制。「只要把口罩當做一種藥品，就可以套用這套機制。購買一次後，

隔一段時間才能購買。如此一來，每個人都能買到口罩，」李懷仁說。

口罩實名制需要四個單位的合作：健保署要在原有系統中，架購新的功能，同時確保伺服器分流，避免系統因使用者爆量，癱瘓原有看診、領藥功能；食藥署找來藥師與藥劑生公會，協調與政府簽約的六千五百〇五家健保特約藥局，做為民眾購買通路。

另外，行政院出面協調，請中華電信預先調高健保系統頻寬，避免口罩實名制上線後系統癱瘓，並找來中華郵政負責配送口罩。

健保署原本評估要五個工作天，蘇貞昌要求「再快一點」，最後壓縮到一天半，另加上一天進行系統壓力測試。二月六日，「口罩實名制」順利上路。

除了行政院的資訊團隊熬夜寫程式，時為政務委員的唐鳳也出面協調，邀請民間高手，針對特約藥局地點、各藥局口罩即時日庫存量等數據資料，開發「口罩地圖」等相關應用程式。

打響「科技防疫」的第一砲

二〇二〇年二月六日上午九點，口罩實名制上路，民眾憑健保卡到藥局、衛生所購買，每人七天內限購兩片。

被稱為「數位政委」的政務委員唐鳳，被蘇貞昌交辦協調口罩實名制、疫苗預約、快篩預約、簡訊實聯制以及三倍券、五倍券發放系統的建置。

口罩實名制除了建立公平、透明的分配平台，對於不同縣市、區域的口罩需求量、購買者的年齡層也提供了大數據，可做為政府調度防疫物資的參考。在台灣之後，韓國也有類似的做法。

考慮到學生、上班族可能沒時間到藥房買口罩，陳其邁又找來唐鳳，著手研究「口罩實名制2.0」，在三月十二日上線，新增線上預購、超商取貨的機制，不僅便民，也能紓解藥局和衛生所排隊的壓力。

四月三十日，健保署再推出「口罩實名制3.0」，增加超商續購功能，讓取貨、續購與繳費作業一次完成。

口罩實名制打響了政府「科技防疫」的第一砲。之後上路的入境檢疫系統、電子圍籬、就診高風險警示、防疫細胞簡訊、簡訊實聯制等措施，

透過科技的力量，發揮疫情控管的功能，並大幅減輕第一線人員的工作負荷。

將科技工具應用在防疫上，除了要找到適用的法條，還要進行跨部會、跨體系、跨系統的資料、人力和物力的協調整合，副院長陳其邁扮演了幕後運籌帷幄的角色。至於技術的最強後盾，則是唐鳳。

日本媒體譽為「天才IT大臣」的唐鳳，除了跟李懷仁合作推動第一版的口罩實名制，同時也規劃「口罩供需資訊平台」，超過一百項的應用程式，開放民眾查詢各家藥局販售方式、地點、成人或兒童口罩庫存量等資訊，再自行選擇適合的地點前往購買，緩解民眾的焦慮。

二〇二一年五月中旬，本土疫情瞬間加溫，全台升至第三級警戒。在疫調需求下，民眾出入各大公共場所都需填寫實聯制表單。考慮到紙本登記會帶來染疫風險，個資也可能遭到濫用，唐鳳找來之前合作口罩預購系統的關貿網路公司，開發了「簡訊實聯制」。

關貿網路公司的前身是「貨物通關自動化規劃推行小組」，民營化後，主要大股東為財政部，主要負責報稅系統維運。唐鳳居中串連，由關貿負責法人商家、個人店家實聯作業，而中華電信負責政府機關、交通事業實聯作業，以及簡訊服務。

在技術團隊三天趕工下，五月十九日，簡訊實聯制上線。民眾不必紙本登記，只需用

2020 年 3 月 10 日，為了迎接武漢包機的國人返台，陳時中帶領防疫人員身穿密不透風的防護衣，徹夜在機場進行檢疫工作，到檢疫所為入境檢疫的旅客加油打氣，隔天上午照常開記者會，被網友稱為「鋼鐵部長」。（圖片提供：衛生福利部）

手機掃描 QR Code，就有精準鎖定的效果，可以在第一時間掌握染疫者及接觸者的足跡，避免疫情擴散。

口罩國家隊的組隊與口罩實名制的上路，可以說是台灣防疫的重要一戰。若當初在反對派壓力之下就放棄組裝新的口罩產線，這項關鍵防疫物資將全仰賴中國進口，看中國臉色，後果不堪設想。

鐵人指揮官，每日記者會問到飽

二〇二〇年一月二十二日，當時還是三級開設的中央流行疫情指揮中心，舉辦了第一場記者會，由時任副署長莊人祥主持。此後很長一段時間，每天下午兩點的指揮中心記者會，讓民眾可以掌握疫情的

最新動態，成為當時最熱門的網路直播節目。

在每天的曝光下，記者會主要班底也成為民眾眼中的熟面孔。周志浩條理分明，面對記者提問很有耐心；莊人祥對數字敏銳，言簡意賅；羅一鈞年輕斯文，成了「國民女婿」；不定期出現的張上淳，有專業的公衛背景，由他來說明疫苗、藥物等防疫醫學知識，特別有說服力。

還有主持了八百五十八場記者會的指揮官陳時中。這位從牙醫跨入政界的衛福部長，疫情開始之前認識他的民眾並不多。從陳時中的第一場記者會開始，他冷靜、穩重、堅毅的形象，逐漸深植人心。

陳時中經常坐鎮在檢疫第一線上，像一枚定海神針，令民眾感到心安。

二〇二〇年二月八日，禁令發布前出航的寶瓶星號郵輪，載著約一千七百名乘客，在海上航行近五十小時後，停靠基隆港，接受檢疫。由於之前才發生鑽石公主號郵輪群聚感染事件，檢疫人員無不神經緊繃。經送檢一百二十八人，檢驗結果全為陰性。陳時中中午上船，一直待到晚上八點。當陳時中用船上廣播宣布：「我們可以回家了。」全船乘客齊聲歡呼。

二〇二〇年三月十日，第二批武漢包機返台。當天陳時中兩點半結束記者會，三點開

邊境管制會議，五點赴行政院參加會議。他晚上十一點抵達桃園機場，著裝進停機棚，先後迎接中華航空、東方航空兩架班機抵台，坐鎮指揮檢疫，期間又前往三所集中檢疫所了解狀況。隔天七點半，他確認最後一批旅客安排妥當，才離開檢疫所。

陳時中跑著不眠不休的鐵人行程，表情沉穩淡定。他看似「撲克臉」，卻不經意流露溫暖。因為帶領著防疫團隊，多次化解危機，陳時中在國人心中的滿意度曾經高達九成。

記者會是陳時中另一個舞台。他不只是宣布政策、唸唸數字，還開放現場記者問滿問飽。有些問題夾槍帶棍，有些問題暗藏陷阱，而陳時中願意耐心回答，從不針鋒相對。他的立場很簡單，吵架對於防疫無濟於事。陳時中甚至歡迎那些用假訊息挑釁的提問，因為他可以在現場就破解假訊息。

陳時中公開、透明的策略奏效。當人民相信政府，就願意配合各種防疫措施，加上指揮中心採取精準防疫模式，不亂槍打鳥，有效防堵病毒進入社區，從二〇二〇年四月十二日到十二月二十一日，台灣創下了兩百五十三天本土零確診的紀錄。讓台灣避開了病毒最兇猛的時刻，也讓台灣在未來走向生活正常化前受到的衝擊最小。

當時，全球確診數卻已突破七千七百萬人，光美國確診數就達一千八百萬例、印度也超過一千萬例，全球因染疫死亡的有一百七十萬人。對比之下，台灣人當時的生活堪稱奇

コロナ禍しのぎプロ野球　世界最速

なぜ台湾だけ開幕できるのか

政府が対策ガイドライン　感染者約380人

	日本	米国	台湾
当初の開幕	3月20日	3月27日	3月14日
現状	未定	未定	11日開幕
感染者	7450人	46万6299人	385人
死者	141人	1万6686人	6人
人口	1億2600万人	3億2800万人	2360万人

2020 年 4 月 12 日，中華職棒舉辦開幕賽，日媒報導台灣職棒全球最先開打，蔡英文總統也特別在臉書發文：「台灣職棒全球最先開打」、「恭賀全世界第一支全壘打」。

（圖片來源：自由時報、蔡英文總統臉書）

蹟般的天堂。

籌備多時的二〇二〇年東京奧運因為疫情嚴峻，不得不延後一年。但在台灣，四月十二日的台中洲際棒球場，中華職棒舉辦開幕賽，統一獅對上中信兄弟，是當年全球最早開打的職棒聯盟賽事。蔡英文總統還特別在臉書發文：「這是今年全世界第一支全壘打」，「恭喜鄭鎧文選手和詹子賢選手，暫時並列世界全壘打王」。

對台灣人民來說，二〇二〇年是很奇特的一年。疫情在全球蔓延，各國的確診數、死亡數急速竄升，相對來說，台灣卻風平浪靜，彷彿亂世中一方淨土，二〇二一年三月十三日，《紐約時報》以「疫情中的世外桃源」，描述台灣的防疫成就。

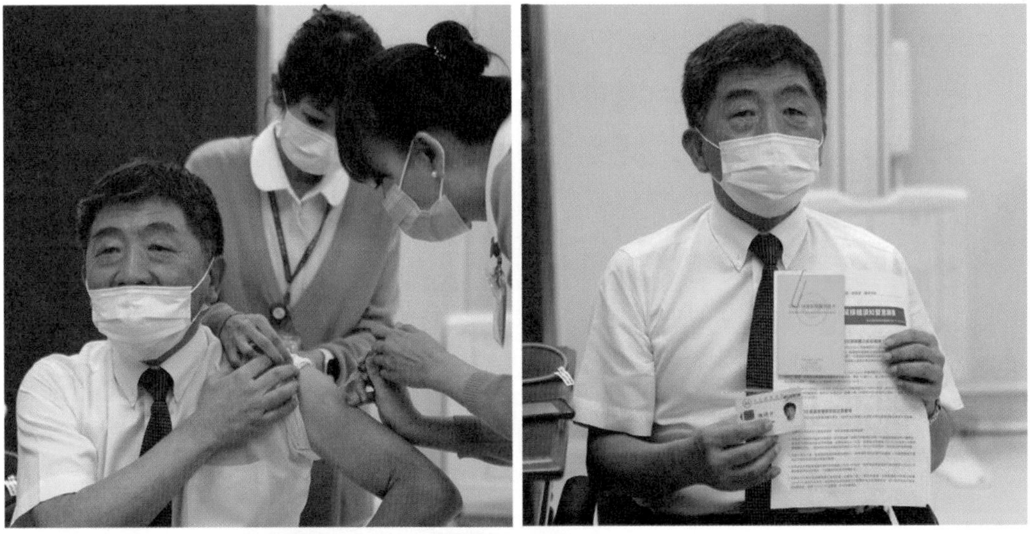

由於 2020 年全年台灣疫情穩定，即使 2021 年 3 月初首批疫苗運抵台灣，仍乏人問津，蘇貞昌與防疫指揮官陳時中兩人在 3 月 22 日率先打下全國第一針 AZ 疫苗。

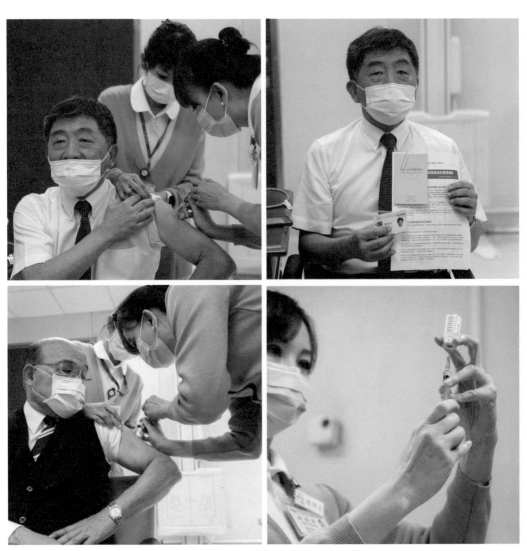

台灣陷入「疫苗之亂」時，過去接受過口罩等防疫物資的國際友邦，紛紛捐贈疫苗，體現了民主國家之間互相支持的情誼，為「善的循環」做出最好的詮釋。

疫苗從「無人要打」變為「人人搶打」

隨著COVID-19疫苗問世，第二階段的防疫重點，便是全民施打疫苗。直到二〇二一年五月中之前，台灣沒有出現疫情大爆發，民眾生活如常。即使政府已經開始施打AZ疫苗，更希望醫護人員加緊施打，以因應疫情，但多數人依然接種意願低落。

考慮有民眾擔憂疫苗的安全性，三月二十二日，蘇貞昌、陳時中帶頭示範接種AZ疫苗。在各種疫苗不安全的謠言流傳當下，兩人還被影射「打假針」，指揮中心和台大醫院加碼公開相關照片和影片，破除假消息。為了鼓勵接種，政府還推出「疫苗接種假」，施打後如果發生副作用，最多可以請假兩天。

五月中旬，第一波本土疫情襲來，疫苗從「無人要打」變為「人人搶打」。當時各國疫情都比台灣嚴峻得多，台灣忽然要和全世界搶疫苗並不容易，分配不足，指責之聲也排山倒海而來。

當台灣陷入「疫苗之亂」時，過去接受過口罩等防疫物資的國際友邦，如美國、日本、波蘭、捷克、立陶宛、斯洛伐克等，紛紛捐贈疫苗，體現了民主國家之間互相支持的情誼，為「善的循環」做出最好的詮釋。

事實上，指揮中心很早就向國外大廠進行疫苗採購。只是當時全球疫情發燒，各國都在搶疫苗，台灣沒有發生大規模感染，在疫苗廠商出貨名單上，自然排在後面的順位。而且，一開始進口的三十多萬劑AZ疫苗，原本還乏人問津，甚至放到即將過期，政府當然更不可能先期大量進貨。

比起一般的醫療物資，新冠疫苗的採購更加複雜。陳時中解釋，各家藥廠的新冠疫苗都沒有完整三期實驗，未取得正式藥證，在各國都是緊急授權使用（EUA）。藥廠為了取得未來的免責及司法豁免權，只肯賣給國家層級的單位，讓政府做擔保。疫苗的品質攸關人民的生命健康，政府採購疫苗時，當然得謹慎把關。

疫苗採購，一波三折

「疫苗之亂」中成為話題的輝瑞BNT，採購過程就是一波三折。早在二〇二〇年八月二十日，衛福部就跟德國原廠進行視訊會議，了解疫苗研製進度及採購方案。德國原廠表示，台灣所在區域雖是由上海復星擔任供貨窗口，為了符合台灣法律規定，德國母公司願意跟衛福部簽約，疫苗也從德國直送台灣。

經過多次視訊、電郵往來，二〇二一年一月六日，蘇貞昌迅速核定採購五百萬劑BN

T疫苗，衛福部簽署合約，只要德國原廠完成簽署就大功告成。隔天，對方請衛福部提供中英文新聞稿，檢視後對方原本表示無意見，四小時後要求刪除新聞稿中出現的「我國」。衛福部也立即將「我國」改為「台灣」。沒想到，衛福部持續連繫，從此沒有下文。德國國會議員雷希特（Ulrich Lechte）揭露，就是由於中國施壓，導致台灣向德國生技公司BioNTech購買COVID-19疫苗的協議告吹。

德國原廠退出合作後，台灣突然出現許多「熱心人士」主動聯絡政府官員，表示可以從港澳進口BNT疫苗。然而他們都拿不出正式授權書，衛福部當然無法採納。「政府擋BNT疫苗」的謠言便開始甚囂塵上。

事實上，基於長期以來對中國疫苗的製程有疑慮，加上中國過去有許多疫苗出過問題，根據法令，台灣原本就沒有開放中國製血清、血液製劑和疫苗進口。為了確保國人的安全，如果不能確定是德國原廠生產的BNT疫苗，所購買的疫苗要經由中國運送來台，政府當然不可能採購。

但此時，BNT已經被宣傳成最好的疫苗、非買不可。為了解決民間對BNT疫苗的需求，蘇貞昌指示政委羅秉成召開專案工作小組，邀集衛福部與台積電等公私部門共同研商，尋求解決國際原廠疫苗只願售予政府的法律問題。在極短的時間內，專案工作小組就提出

「雙層式多方契約」的特殊架構，由CDC出面申請衛福部食藥署核發EUA專案許可，並在政府同意對BNT原廠專案免責承諾的前提條件下，由台積電、鴻海／永齡基金會及慈濟等三民間單位出面購買德國BNT原廠疫苗（第一層採購契約），並於政府免責承諾的合約上同時載明全部疫苗捐贈予疾管署（第二層贈與契約），透過此一特殊的架構，終將國際疫苗只出售與政府的法律問題解套。二〇二一年九月二日，第一批約九十三萬劑BNT疫苗順利運抵台灣。

除了向國外採購疫苗，政府也同步啟動國產疫苗的研製。「疫苗是戰備物資，國內有自給自足的能力很重要，」陳時中強調。

二〇二〇年，國光、聯亞、高端三家生技廠，都投入國產疫苗的研發計畫。其中兩家因為未達標準，陸續出局。最後只有高端拿到緊急授權。

高端一枝獨秀，引發各界猜測和質疑。食藥署長吳秀梅曾經親上火線，參加指揮中心記者會說明高端疫苗審查情形。即使如此，高端仍飽受攻擊。

二〇二二年十一月，衛福部根據二〇二一年三月到二〇二二年九月三十日的數據資料，提出了一份四大疫苗（AZ、BNT、莫德納、高端）效力分析報告，在不分年齡層的前提下，一直深受網路謠言攻擊的高端，防中重症保護效力可高達九一．四%，多種組合

防疫工作沒有放鬆的時刻，即使是在確診隔離中，防疫會議成員仍持續以視訊形式參與。圖為陳時中確診中，視訊參與防疫會議。

下，僅次於BNT的九五．八%，顯示台灣國產疫苗效果表現頗佳。

防疫形同作戰，在這個戰場裡，除了對抗病毒，還要面對利益爭奪、政治角力。身為指揮官，陳時中雖然承受了很多不白之冤，但也始終扛住了極大的壓力。第二次武漢包機時，他站在停機棚等待班機降落，夜色中的那個背影，一定會永遠留在台灣民眾的記憶中。

拆彈專家化解群聚感染

二〇二二年七月十八日，陳時中功成身退，辭去衛福部部長，疫情指揮官一職交給了醫福會執行長王必勝。

醫福會全名「衛生福利部附屬醫療及社會福利機構管理會」，是衛福部的附屬單位，主

管二十六家衛福部部立醫院，轄下一萬七千位醫事人員。疫情爆發後，衛福部需要醫療人力支援時全靠王必勝調度。從一開始的邊境檢疫、設置集中檢疫所、武漢包機、寶瓶星號檢疫等，王必勝無役不參。

第二批武漢包機，就是王必勝率領一組醫療人員，直接飛到武漢天河機場接人。王必勝回憶，原本說好不必入境，但飛機一落地，對方卻要求他們進海關，再返回機上時，形同出關，必須檢疫。

王必勝預感會遭刁難，果然量體溫時，對方就判定王必勝發燒，並表示若沒有退燒，便將他送到武漢市內。還好第二次測量時他的體溫已經降下來，才順利過關，有驚無險完成使命。

二〇二一年一月，部立桃園醫院爆發群聚感染，之後又有苗栗京元電子移工群聚、屏東枋寮 Delta 變異株病毒，以及台北環南市場群聚感染，原以為會一發不可收拾的棘手事件，都在王必勝的指揮調度中，安然落幕。王必勝聲名大噪，還因此得到「拆彈專家」的封號。

事實上，王必勝對於群眾感染的處理本來就不陌生。SARS疫情期間，王必勝是北榮胸腔部醫師，胸腔部主任彭瑞鵬擔任SARS小組召集人，他擔任總聯絡人。後來台北市立

包括組隊至武漢接國人返台，苗栗電子廠群聚、台北果菜市場群聚、屏東枋山 Delta 事件，王必勝總是受命擔任各種救火隊的隊長。

關渡醫院爆發群聚感染，彭瑞鵬臨危受命代理院長，王必勝也前去協助，累積了不少經驗。「分流」是控制群聚感染的關鍵字，就是做好篩檢、隔離，疏散，切斷感染鏈。然而，場域、對象不同，因應策略就得跟著調整。

王必勝以京元電子移工群聚為例，為了爭取企業、移工的配合，首要之務就是了解他們的需求。移工擔心扣薪，企業不希望停工。王必勝便跟企業達成協議，廠內仍維持一定程度的運轉，而企業不能扣移工的薪水。移工得到承諾後，便樂意配合隔離。

「這是個重視人權的時代。如果你沒有徵得移工的同意，強行把他們送往檢疫所，消息傳開會立刻成為國際新聞，必須非常謹慎。」王必勝說。

京元電子發生移工群聚後，蘇貞昌曾在防疫會議中，要求勞動部、內政部做好移工居住環境管理、移工健康監測。他也前往實地視察，了解廠區及移工宿舍實施的防疫措施。疫情意外為移工帶來宿舍改善的契機。

台灣邊境封鎖嚴格，加上王必勝屢次救火成功，防疫團隊守住台灣兩年半，直到二〇二二年五月，部分國家已朝向與病毒共存，病毒也逐漸變種為輕症化、但卻更刁鑽的形式，台灣才開始發生大規模的社區感染。

王必勝接手疫情指揮官時，台灣已走向「與病毒共存」階段。Omicron 成為新一波強

前後三任的疫情指揮官、全國的防疫工作人員夜以繼日的努力，才能挺過百年大疫。（照片提供：衛生福利部）

勢流行病毒株，有著傳播性強、致死率較低的特性，在疫苗普及施打以及抗病毒藥物發揮作用下，COVID-19致死率逐漸下降到與流感相近。

這個階段王必勝主要的任務，就是讓疫情逐漸從民眾的日常生活淡出。跟世界各國相比，台灣比較晚才發生大規模感染，解封的速度也比較慢。但也因此所受衝擊最小、死亡率相較最低、經濟成長最穩定。

鄰近的日本、韓國，都從二〇二三年三月中旬起取消大眾運輸口罩令，而台灣在二月下旬才放寬室內戴口罩的規定；不過，進入醫療照護機構、搭乘大眾運輸仍需要戴口罩。直到四月十七日起，搭乘大眾運輸才免強制戴口罩。

防疫保單爆量，政院堅定理賠立場

由於二〇二〇年台灣疫情相對穩定，各保險公司推出「確診就理賠」的防疫保單。因為條件簡單、保費便宜，加上保險公司主動推廣，短時間內加保人數已高達數百萬人。但隨著病毒變異，重症率較低，各國逐漸走向與病毒共存，確診人數也直線上升，產險業者面對立刻要給付理賠金的天文數字，更直言「這是近幾年來，產險業最大的財務危機」。一時之間，「哪一家保險業者確診標準不同？」、「該不該賠？」、「該怎麼賠？」佔滿媒體最大版面。

面對產險業者和民眾雙邊的壓力，主管金融保險業的金管會主委黃天牧，到行政院向院長蘇貞昌報告自己的立場：「保單已經賣出，合乎標準就應該賠！」蘇貞昌告訴他：「很好，我也是這麼想！」

得到蘇貞昌的支持後，黃天牧也更加堅定立場。他與產險業者溝通：「建立名聲要花二十年，可是毀掉信任只要五分鐘」、「財務赤字可以改善，信任赤字不能彌補」希望金融業站在永續經營發展的立場上，全力維繫社會大眾信任。而另一方面，金管會也從監理上協助產險公司度過危機，核准其動用準備金，來降低業者虧損壓力。

最後，各家保險公司願意擔負社會責任，也基於捍衛自身品牌的長期信譽，依約理

因為因應得宜，疫情期間台灣經濟逆勢成長，蘇貞昌任內陸續發放「三倍券」、「五倍券」以及規劃「全民普發現金六千元」，帶動國內消費。

賠給六百六十萬防疫保單，總金額高達兩千七百億元。

全球疫情來得又快又急，病毒的快速變異也考驗著各國因應的能力。但台灣在行政團隊每個部門竭盡心力下，最大程度的維持了社會的穩定，在嚴峻的疫情中，將傷害降到最低。

振興＋紓困，三度發放全民福利

二〇二三年一月四日，蘇貞昌在卸任前送給全民一個新春的祝福，宣布政府將在農曆年後普發現金六千元。這是疫情爆發以來，政府為了振興消費，第三度發放全民福利，將國家的經濟成長果實與全民共享。

二〇二〇年，台灣防疫有成，出口、生

產影響有限。不過，由於民眾積極自主防疫，內需服務業遭到重創。在當時行政院發言人丁怡銘的建議下，蘇貞昌拍板底定，選擇於暑假期間、七月中旬開始發「振興三倍券」，民眾只需付一千元，便能領取等值三千元的三倍券。讓民眾掏錢消費，政府則另加碼推出農遊券、動滋券、藝FUN券等，擴大消費能量。

最初計畫是用禮券規格印製三倍券，跟廠商都已經談妥。送印前夕，台銀董事長呂桔誠緊急打電話給行政院祕書長李孟諺，強烈建議應該以紙鈔規格印製，才能杜絕偽造。他提醒，馬政府時代的消費券交由村里長代發，領取狀況混亂，最後短缺了一千多萬，官員只好自掏腰包補足。行政院內部經過檢討，接受建議，改用紙鈔規格印製，將偽造風險降到最低。

三倍券的領取方式，運用了口罩實名制的預購機制。民眾只要帶著健保卡，到四大超商機台辦理實體券預購，之後再回來領取即可。除了便民，不用排隊，也不易發生短缺弊端。

二〇二一年五月中旬開始，國內疫情升溫，全國進入三級警戒，住宿以及餐飲業、批發零售等內需服務業，受到管制升級影響，生存陷入困境。疫情趨緩後，行政院又在十月加碼推出「振興五倍券」。在執政黨立委的建議下，考量二〇二〇年國家經濟成果豐碩，

面對百年大疫，政府提前布署、快速回應、公開透明，因此人民信任政府，自願配合抗疫，是台灣防疫有成的關鍵。

今年疫情又更加嚴峻，蘇貞昌也裁示民眾不需要再自掏腰包一千元，直接領取五千元的振興券。

如同之前的三倍券，五倍券也帶起了一波「報復性消費」，而且開領時就遇到國慶假期，全民用券意願熱絡，店家加碼放送，消失的人潮開始回流。

「從口罩實名制開始，政府一直透過跨部會、跨單位的合作，建立全民便利領取防疫物資、紓困津貼的平台，」現為數位發展部政務次長的李懷仁指出。

他以二〇二三年普發現金六千元為例，透過身分辨識的前台機制，串連銀行的帳戶系統，民眾可以選擇上網登記，六千元就會直接匯入帳戶；或是用金融卡在ATM直接提領。對於不習慣上網或使用提款卡的民眾，還有郵局領取的管道。

科技工具的運用，還得考慮人性。三種管道如果同時開放，民眾為了立即拿到現金，通常會優先選擇ATM、郵局，屆時將大排長龍，影響原本的金融交易作業，容易引發民怨。因此，政府採取分批上線，先是網路登記入帳，再來是ATM操作領現金，最後才是郵局領取，達到分流的效果。

李懷仁指出，從口罩實名制的三個版本到三倍券、五倍券，政府根據民眾的使用習慣，一再調整，發展出這套撥款機制。之前已經運用於勞工紓困、孩童家庭防

蘇貞昌利用每日的防疫會議，以及每週一的擴大防疫會議，掌握訊息、做出決策，訂定防疫措施，下達重要指令。

疫補貼，普發現金六千元以全民為對象，發放秩序良好，過程幾無爭議，且三個多月領取率就突破九成五，為這一系列的「科技防疫」，畫上完美句點。

決策明快，才能在世界站穩腳步

二〇二三年四月十八日，口罩令鬆綁第二天。立委蘇巧慧為國片《疫起》舉辦包場。除了蘇貞昌、柯建銘，陳時中、薛瑞元、王必勝等防疫團隊，前衛生署副署長李龍騰等都受邀觀賞。

戲院內，燈光熄滅，眾人看著這部以防SARS為主題的電影，二十年前的往事，不禁又重返心頭。

李龍騰的感觸很深。SARS爆發時，

「挑擔才知輕重，走過方知路長。」2023年5月2日，蘇貞昌在疫情宣告降級後的「COVID-19捐贈感恩暨授獎表揚晚會」上致詞時，開頭這兩句話，可以說是語重心長。

和平醫院採取封院，導致大規模院內感染，社會人心惶惶。當時必須找第二間SARS專責醫院，李龍騰擔任過台北縣衛生局長，首先想到三重醫院，便打電話給他的老長官、時任台北縣長的蘇貞昌。蘇貞昌立刻答應。

蘇貞昌一聲令下，工務局整建醫院設施，研考室規畫視訊中心，十天內把整棟樓改建成SARS專責醫院。六十位自動報名、來自全國的醫護人員進駐三重醫院。全院士氣高昂，誓言一定要戰勝病毒。結果院內、社區都是零感染。民眾從一開始抗議，到後來舉牌表示支持。

多年後，疫情再次襲來，規模更大、病毒更難纏。許多國家都預測，台灣離中國最近、往來最密切，疫情一定最慘烈。但蘇貞昌明快的決策，加上整個行政團隊展現有效的執行力，公開透明，爭取民眾配合。從一開始就迅速啟動防疫模式，落實邊境管制、口罩自產自足，有效延緩第一波最強力的病毒進入社區。

《時代》雜誌封面把二〇二〇年打了一個很大的叉叉，說這是「史上最糟的一年」。當世界各國因為疫情失控而封城，大規模停工，全球經濟萎縮，相對平靜的台灣在轉單效應下，二〇二〇年經濟成長率為三．三九％，不僅穩居亞洲四小龍之首，且領先全球所有已開發國家。二〇二一年成長率更躍升為六．

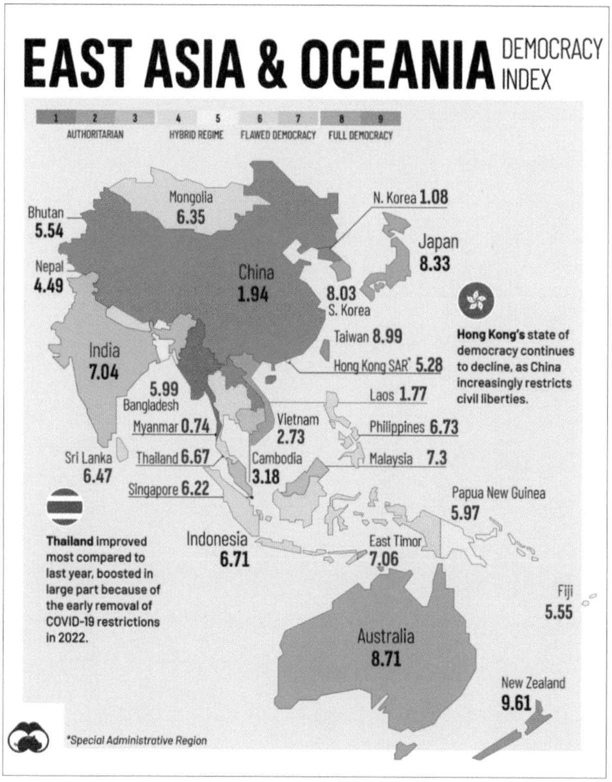

五三％，創下十一年新高紀錄。

面對這場百年大疫，政府提前布署、快速回應、公開透明，因此人民信任政府，自願配合抗疫，是台灣防疫有成的關鍵。政務委員羅秉成指出，蘇貞昌在每天的防疫會議以及每週的擴大防疫會議中，聆聽專業意見，依據民情和輿情做出果斷決策，並勇於承擔責任。防疫工作中需要任何資源，蘇貞昌更是有求必應。醫護人員的獎勵，只要衛福部報上來，他必然同意，立刻打電話給主計長朱澤民，請他安排預算。

從周志浩、陳時中到王必勝，前後三任疫情指揮官一致認為，蘇貞昌尊重專業、決策明快、全力支持，整合各部會間的不同意見和步調，指揮中心才能獲得各部會的支持，順利推動各項防疫政策。

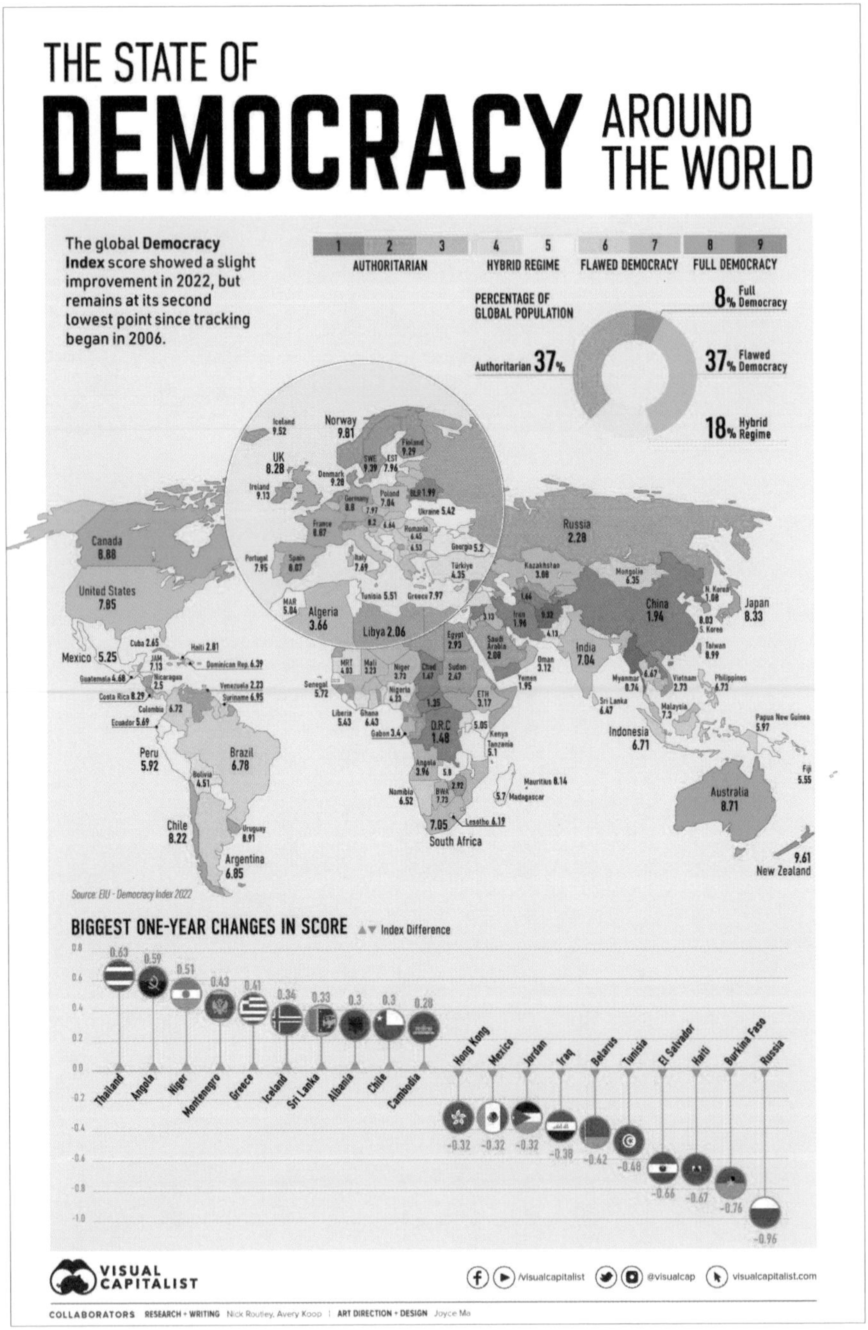

台灣在疫情期間對於人民管制甚少，國家民主指數和防疫成績在全球排名都名列前茅。根據《經濟學人資訊社》（Economist Intelligence Unit, EIU）2022 年民主指數報告，台灣是亞洲排名第一的民主國家。反觀鄰近的中國，民主指數只有 1.94 分，不論在全球或區域都是最後幾名。

資訊圖表來源：Visual Capitalist (https://www.visualcapitalist.com/state-of-democracy-around-the-world-2023/)

民主防疫，還能做到世界前段班

COVID-19 是本世紀規模最大的一場疫情，病毒詭譎難測，局勢瞬息萬變，時時刻刻都在考驗決策者的智慧。

「能見度不足、資訊不明、前程不知、條件不成熟、結果不可測，而你卻必須要馬上做決定，」蘇貞昌承認，這並不是件容易的事。

而且，台灣是民主國家，每項政策必須兼顧公共利益與人權保障。為了防疫，政府不得不限制人民部分自由、強制檢驗、隔離、治療，都是無比艱難的決定。

「挑擔才知輕重，走過方知路長。」二〇二三年五月二日，蘇貞昌在疫情宣告降級後的「COVID-19 捐贈感恩暨授獎表揚晚會」上致詞時，開頭這兩句話，可以說是語重心長。

由於鄰近中國，國際原本預期台灣一定災情嚴重。然而，靠著高效率政府的努力、醫護人員的奉獻、全民的配合，加上國際的互助合作，台灣向世界證明，不需要高壓手段、不需要強制封城，民主國家透過社會溝通的機制，一樣能夠成功防疫。

台灣創下了多項防疫紀錄：長達連續兩百五十三天無本土病例，清零時間最久；三年疫情未封城，在主要國家中嚴格管制時間最短，三級警戒期間僅七十天；在四十個國家（三十八個OECD國家、新加坡、台灣）中，台灣的疫苗覆蓋率（至少一劑）為第三名。抗病毒的投藥率也高居世界第二，僅次於美國。

ICNL (國際非營利法中心) 於今年3月發表
台灣應對COVID-19疫情的協力治理報告：

較鄰近國家優異
台灣的疫情治理因透明、協作等特性廣受讚譽，中央和地方政府與私部門和公民社會共同努力，防止台灣COVID-19疫情擴散。確診數和死亡人數低，台灣得以不用採取嚴厲措施
Our World in Data使用嚴謹指標衡量政府疫情措施的嚴格程度，在1到100的分數中(100為最嚴格反應)，
台灣的平均分數介於20-30之間，為亞太地區數一數二低的國家
台灣經濟表現較鄰近國家佳。在高科技出口的推動下，
於2020年成長了3.1%、2021年成長了6.09%
為2010年以來最高

是成功控制
疫情範例之一

新冠委員會 於2022年9月提出的全球新冠疫情檢討報告指出：
西太平洋區域 (包括台灣、韓國、紐西蘭等國)
成功控制疫情、維持低死亡率
以上這些經濟體，所受經濟影響小於世界其他區域

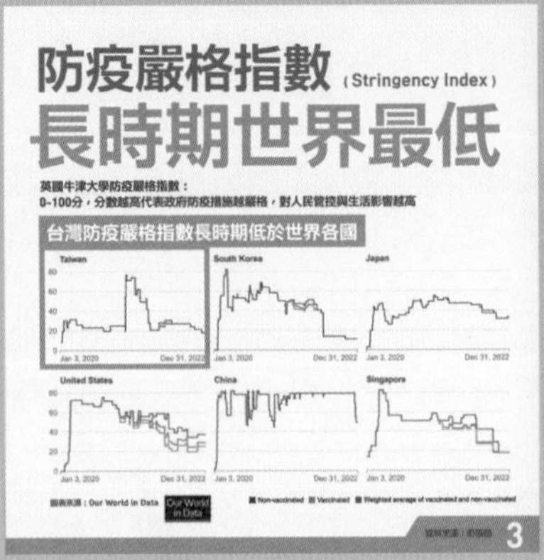

防疫嚴格指數 (Stringency Index)
長時期世界最低
英國牛津大學防疫嚴格指數：
0-100分，分數越高代表政府防疫措施越嚴格，對人民管控與生活影響越高
台灣防疫嚴格指數長時期低於世界各國

圖表來源：Our World in Data

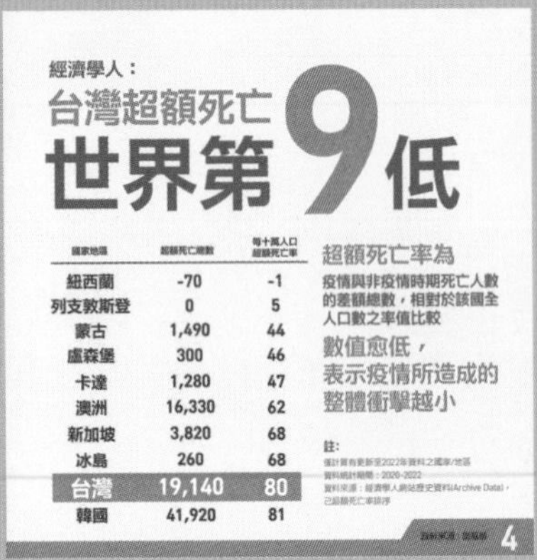

經濟學人：
台灣超額死亡
世界第9低
國家地區
超額死亡總數
每十萬人口超額死亡率
紐西蘭 -70 -1
列支敦斯登 0 5
蒙古 1,490 44
盧森堡 300 46
卡達 1,280 47
澳洲 16,330 62
新加坡 3,820 68
冰島 260 68
台灣 19,140 80
韓國 41,920 81
超額死亡率為
疫情與非疫情時期死亡人數的差額總數，相對於該國全人口數之率值比較
數值愈低，
表示疫情所造成的整體衝擊越小
4

民眾正常生活，訂單外貿屢創新高
2020-2021年全球疫情最嚴峻時

亞洲四小龍第1

新加坡 2.9%

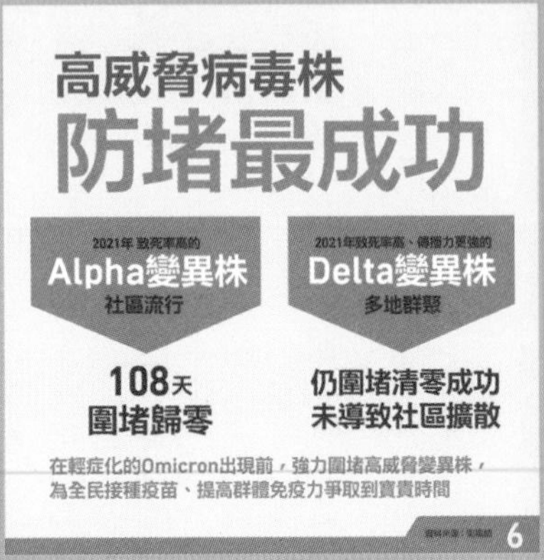

2020-2022年疫情期間

高威脅病毒株
防堵最成功
2021年 致死率高的
Alpha變異株
社區流行
2021年致死率高、傳播力更強的
Delta變異株
多地群聚
108天
圍堵歸零
仍圍堵清零成功
未導致社區擴散
在輕症化的Omicron出現前，強力圍堵高威脅變異株，
為全民接種疫苗、提高群體免疫力爭取到寶貴時間
6

連續253天

2020/04/13-2020/12/21

台灣在40國當中
排行第8低

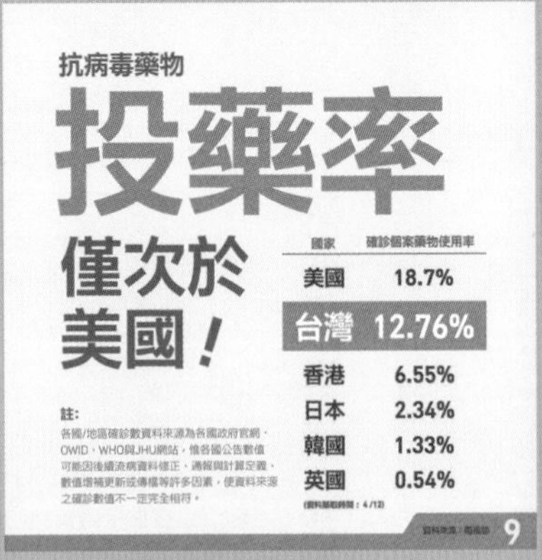

抗病毒藥物
投藥率
僅次於
美國！
國家 確診個案藥物使用率
美國 18.7%
台灣 12.76%
香港 6.55%
日本 2.34%
韓國 1.33%
英國 0.54%
9

台灣在40國當中
排行第3高

十項指標認證台灣防疫成績

雖然過程波折且辛苦，但回顧疫情期間台灣的防疫表現，在全球中名列前茅，生活管制最少、經濟發展最好。

＊資料最後彙整日：2023/6/26

「超額死亡」指的是疫情期間的死亡數減去非疫情期間的死亡數，數字愈大，代表受疫情影響愈嚴重，而根據《經濟學人》的統計，台灣超額死亡率是全球第九低，在人口兩千萬以上的國家中，更是排名為第二低。另外，台灣還獲知名醫學期刊《刺胳針》（*The Lancet*）評價為「疫情期間經濟成長率高於疫情前預估的少數案例」。

民主防疫經驗拉近了台灣與世界的距離，國際能見度高度提升，蔡總統在外交上也大有斬獲。從美國、日本、歐洲的官員訪問團一波接著一波，前聯邦眾議院議長裴洛西訪台，更是成為全球關注的焦點。隨著「Taiwan Can Help」的聲名遠播，愈來愈多國際人士加入「挺台」的行列。

形成強烈對比的是中國。在長期高壓封控下，人民感到強烈不滿。一場烏魯木齊的大火，點燃了「白紙革命」，延燒成全國的大規模示威潮。隨後中國在壓力下又毫無預警突然宣布全面解封，將「新冠病毒」直接改名「新冠感冒」，整個社會陷入搶藥、搶病床，人民在樹下、在車上打點滴，火葬場大排長龍的窘境。

反觀台灣，在疫情期間對於人民管制甚少，獲得國際權威機構評比民主指數連續三年亞洲第一、經濟自由指數連續兩年名列最優等級，且是人口逾兩千萬國家中的唯一。台灣在完全民主的制度下防疫，還能做到全世界的前段班，這是台灣人共同的驕傲。

「防疫過程中許多未盡完美之處，我們必須虛心檢討，並將各方的智慧與經驗，傳承

掃描看影片

行政院在全世界都缺乏口罩之際，與民間工具機業者合作組成「口罩國家隊」。
https://fb.watch/mQ2aaJlJ2y/?mibextid=v7YzmG

防疫指揮中心成立第 1000 天，台灣迎來曙光，重新開放國門，邁向正常生活。
https://fb.watch/mQ1nlEy-7v/?mibextid=v7YzmG

下去，」在感謝防疫人員的晚會上，蘇貞昌說：「未來如果再發生疫情，我們必須做得更好，減少衝擊和不幸，也讓世界看到台灣的韌性。」

疫情是一場試煉。你必須在黑暗中尋找光，在恐懼中發現希望，在危機中學習愛。台灣挺過了百年大疫的試煉，創造屬於自己的榮耀。

第九章

涓滴不棄

超前布署，度過百年大旱

無論是「一條水管救世界」，
或是飛天鑽地找水源，
中央與地方通力合作，力抗百年大旱
也爲友善水資源永續環境，
奠定百年大業的基石。

蘇貞昌非常重視水資源建設，水利署長賴建信積極任事，完成了許多水利工程，讓台灣挺過百年大旱。2023 年 9 月 4 日，阿姆坪防淤隧道利用颱風雨水進行首度沖淤作業，兩人在隧道前合影見證。

這天是二〇二一年六月六日。水利署長賴建信在自家的陽台上，坐了一整個晚上。他反覆刷著中央氣象局的網頁，確認降雨機率沒有改變。

積雨雲藏身於夜空中，身軀持續膨脹，觸角不斷拉開。空氣微微悶熱，有大雨將至的預感。然而，雨還是沒有降下。

自從二〇二〇年下半年起，台灣陷入一九四七年以來最嚴重的乾旱危機。缺水最嚴重的中部地區，從四月初水情轉為「紅燈」已經開始分區供水。

為了降低旱災對社會的衝擊，

態度．堅持

蘇貞昌說，國家治理涵蓋八個面向：「山、海、水、地、樹、人、能、糧」，其中水資源對於一個國家而言更是無比珍貴。

管轄水資源的經濟部用盡各種手段，在全國各角落，找出可以使用的水源。伏流水、抗旱水井、埤塘水、工地水、再生水、海淡水，紛紛派上用場。

五月底、六月初，一波梅雨鋒面，帶來較豐沛的降雨。賴建信預估，只要再下一場大雨，缺水可以獲得紓緩，苗栗、台中、北彰化地區，就可解除史上最長的限水令。

因為蘇貞昌非常注重水資源建設，賴建信多次到行政院會上進行報告。蘇貞昌任內四年，院會報告次數最多的是負責防疫的疾管署長周志浩，其次就是水利署長賴建信。

三天前，六月三日的行政院會中，聽完賴建信的報告，蘇貞昌唸起了一首籤詩：「四郊田畝皆枯竭，久旱俄然三日霖，花果草芽俱潤澤，始知一雨值千金。」從那天起，賴建信就常常想起這首詩。

六月六日凌晨四點，曙光乍現，大雨傾盆。

賴建信望著解旱的甘霖。在他心中，那句「始知一雨值千金」，此刻感受無比真實。

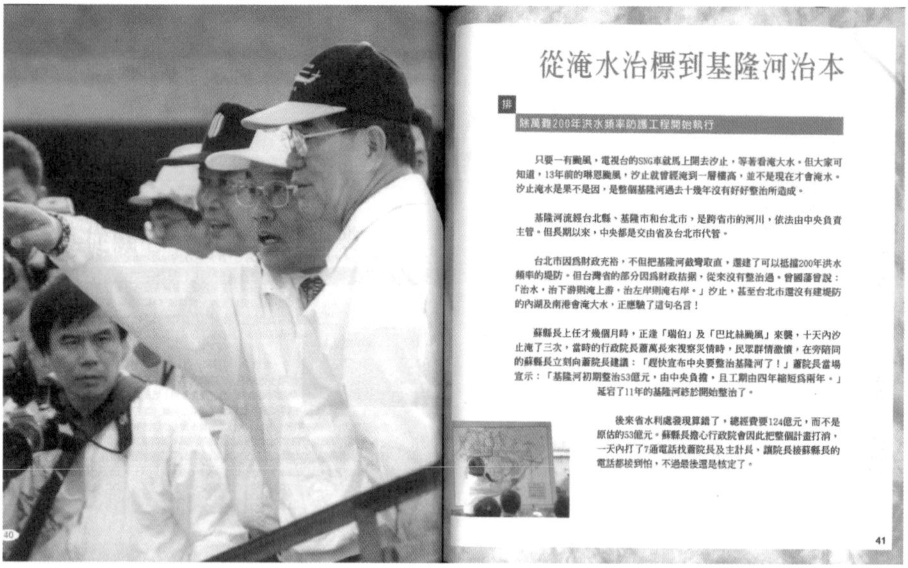
40
從淹水治標到基隆河治本
排
除萬難200年洪水頻率防護工程開始執行
只要一有颱風，電視台的SNG車就馬上開去汐止，等著看淹大水。但大家可知道，13年前的琳恩颱風，汐止就曾經淹到一層樓高，並不是現在才會淹水。汐止淹水是果不是因，是整個基隆河過去十幾年沒有好好整治所造成。
基隆河流經台北縣、基隆市和台北市，是跨省市的河川，依法由中央負責主管。但長期以來，中央都是交由省及台北市代管。
台北市因為財政充裕，不但把基隆河截彎取直，還建了可以抵擋200年洪水頻率的堤防。但台灣省的部分因為財政拮据，從來沒有整治過。曾國藩曾說：「治水，治下游則淹上游，治左岸則淹右岸。」汐止，甚至台北市還沒有建堤防的內湖及南港會淹大水，正應驗了這句名言！
蘇縣長上任才幾個月時，正逢「瑞伯」及「巴比絲颱風」來襲，十天內汐止淹了三次，當時的行政院長蕭萬長來視察災情時，民眾群情激憤，在旁陪同的蘇縣長立刻向蕭院長建議：「趕快宣布中央要整治基隆河了！」蕭院長當場宣示：「基隆河初期整治53億元，由中央負擔，且工期由四年縮短為兩年。」
延宕了11年的基隆河終於開始整治了。
後來省水利處發現算錯了，總經費要124億元，而不是原估的53億元。蘇縣長擔心行政院會因此把整個計畫打消，一天內打了7通電話找蕭院長及主計長，讓院長接蘇縣長的電話都接到怕，不過最後還是核定了。
41

蘇貞昌從擔任台北縣長時期就對於水利建設極為重視。他曾帶著當時的行政院長蕭萬長深入淹水區，之後更連打七通電話，讓已停滯 11 年的基隆河整治重新啟動，終於解決汐止每逢颱風豪雨必淹水的窘境。

（圖片來源：《蛻變北縣：蘇貞昌縣長的施政全紀錄》）

一天打七通電話，說服中央投入治水

蘇貞昌說，國家治理涵蓋八個面向：「山、海、水、地、樹、人、能、糧」，其中水資源對於一個國家而言更是無比重要，既要「不淹水」、「不缺水」，也要能「親近水」、「喝好水」。

早年基隆河畔每遇颱風就淹水，屬於河谷地型的汐止一帶，經常是水患的重災區。二〇〇一年納莉颱風侵台，甚至讓整個大台北捷運系統停擺，三個月後才修好、正常營運。

時為台北縣長的蘇貞昌，上任後便積極向中央爭取經費，投入基隆河的整治，包含員山子分洪、抽水站及橋梁新建及改善、堤防加高及野溪、支流排水改善、堤後排水改善及山坡地保育等諸多配合措施。在中央和地方的合作下，大幅改善了基隆河的淹水大患。

中央願意投入大量資源進行基隆河治理，來自於蘇貞昌鍥而不捨的個性。當年汐止某次淹水，蘇貞昌陪行政院長蕭萬長到汐止勘災，民眾不滿怒嗆，他對蕭萬長說：「趕快說要治理基隆河！」面對現場民眾情緒，蕭萬長也當場承諾治理基隆河。回到辦公室，蕭萬長才從幕僚得知，治理基隆河不容易，初期就要一百多億，本來想踩煞車，但是蘇貞昌告訴他：「都已經對外宣布了，不能再縮回去！」對於何時開始，蕭萬長表示再研究。接下來蘇貞昌一天內打七通電話給蕭院長，終於讓中央開始推動基隆河整治。

縣長任內，蘇貞昌不但為台北縣解決了十三處地區的長年淹水問題，還順勢整頓河川高灘地，開闢出一千甲的河濱公園，並興建腳踏車道，便於民眾「親水」。不過，翡翠水庫就在台北縣境內，卻有三分之二的台北縣民喝不到翡翠水庫的水，還需由路遠、量少的石門水庫供應，不公平也不高明。

直到二〇〇六年蘇貞昌第一次擔任行政院長時，在院會中裁示加速推動「板新地區供水改善計畫第二期工程」（簡稱板二計畫），以「雙北共飲翡翠水」為目標，將新北絕大部分地區都納入翡翠水庫的供水範圍。

而這個「共飲翡翠水」的執著，竟在十多年後的百年大旱中，埋下了超前布署的伏筆。

抗旱是場寂靜的戰爭，在看不到的地方認真

二〇二〇年下半年起，先是梅雨季提前結束，夏季沒有颱風進來，秋冬季雨量又明顯減少；到了二〇二一年上半年，幾無春雨，梅雨也遲到。這段期間，降雨量僅有一〇七八毫米，根據台灣六個百年氣象站的紀錄，是歷年來同期最低，稱為「百年大旱」。

抗旱是一場寂靜的戰爭。大家只知道全球、包括台灣，正面對百年大疫，卻不知道同一時間，台灣也在力抗百年大旱，政府正默默進行一系列的工程。

百年大旱到底有多險峻？經濟部長王美花舉了一個例子說明：「正常的情況下，十月間石門水庫蓄水率應該有九二％。然而，二〇二〇年十月九日我去石門水庫視察時，蓄水率僅剩下四〇％。」

氣候變遷導致的乾旱是全球性現象，因此政府很早就有所警覺。水利署除了持續日日監看水庫集水區降雨量、水位、進水量、出水量，也召開水情分析研商會議，提醒各區水資源局，應該把每一場豪雨當做水庫最後入流的機會，審慎看待每一滴水。

經過一個沒有颱風的夏天，秋颱也繞過台灣，水情持續朝乾旱方向發展。二〇二〇年十月一日，「旱災經濟部應變小組」成立。

由於水情嚴峻，行政院在十月十四日將災害應變層級提升為「旱災中央災害應變中

2020 年 10 月 14 日政府成立旱災中央災害應變中心，在長達 8 個月抗旱期間，啟動水庫出水管控、區域調度、備援供水、人工增雨、農業加強灌溉管理及部分區域停灌。

疫情期間，各部會都利用視訊會議來掌握水情，連旱象解除的訊息，經濟部長王美花都以視訊來宣布。

賴清德行政院長任內拍板，將桃竹幹管納入前瞻計畫，而蘇貞昌上任後，要求分段發包、同步施做，讓桃竹幹管提早 5 個月完工，讓百年大旱中的竹科仍能維持正常運作，也意外的救了全世界的半導體產業，被業界稱為「一條水管救世界」。（圖為桃竹幹管外結構）

心」，除了經濟部，還納入農委會（農業加強灌溉管理、停灌補償作業）以及中央氣象局（氣象分析、人造雨施作），總指揮官是王美花。

「農作需要灌溉，人民需要喝水，晶圓廠的運作更是不能一天沒水，」王美花坦言，當電視新聞每天以跑馬燈提醒水庫蓄水率又下降了，國際媒體也大幅報導台灣旱象，她心中只有一個念頭：無論如何，也要守住珍貴的每一滴水。

一個念頭，一條水管，救了全世界

不論是防澇或防旱，都需要超前布署，才能在災情發生時，及時派上

蘇貞昌要求在大旱枯水時期加緊水庫清淤工作，並運用最新的工程技術（如水力排砂）來最大化清淤量能。

用場。

早在二〇二〇年七月，水利署就做了最壞的打算，開始加強各項水源調度及加速趕辦工程。二〇一九年十月通水的「板二計畫」，以及趕在二〇二一年二月底完工的「桃竹幹管工程」，就在這場百年大旱中，發揮了極大的效益。

蘇貞昌在第一任行政院長時核定的「板二計畫」，幾經波折，經過十多年，直到他再度當上行政院長後，才正式完工。

初期是翡翠水庫支援板橋、新莊地區每日五十五萬噸的水。隨著石門水庫的水情持續低迷，支援水量也不

態度・堅持

蘇貞昌的一個念頭，讓桃竹幹管足足提早了近五個月完工通水，不但拯救了百年大旱下的竹科，也拯救了全世界的半導體產業鏈。王美花感歎：「這真是『一條水管，救了全世界的高科技產業鏈』！」

斷提升。二〇二一年五月上旬，石門水庫蓄水率跌破二〇%，翡翠水庫的支援水量拉高到每日八十三萬噸。

從二〇二〇年七月到二〇二一年七月，翡翠水庫支援水量約二·四億噸，是一·二座石門水庫的水量。如果不是因為「雙北共飲翡翠水」，石門水庫恐怕早已陷入空庫危機。

由前閣揆賴清德核定納入前瞻基礎建設中的「桃竹幹管」，全長二十六公里，可促成桃園、新竹之間的水源調度，從每日四·六萬噸，提升為二二·五萬噸。二〇一九年六月四日，蘇貞昌主持動土，原本預定二〇二一年六月底完工。

然而，蘇貞昌的一個念頭，卻拯救了台灣及全世界的半導體產業鏈。「蘇院長希望這項工程不但應該分段同步施作，再全線接起來，每一段更要再檢討工程細節，加快期程，」行政院秘書長李孟諺說：「也因為這個關鍵決定，讓桃竹幹管足足提早了近五個月完工通水，拯救了百年大旱下的竹科。」

二〇二〇年九月起，新竹水情便開始吃緊。新竹科學園區是台灣科技產業的重鎮，產業用水一旦短缺，全球科技產業鏈都會受到嚴重衝擊。透過桃

鑿井看似古老，一度引發不知情的網友訕笑，卻在抗旱過程發揮相當作用。

竹幹管北水南送，可支援新竹用水的四成以上。如果沒有這條幹管，新竹寶山、寶二水庫在五月中蓄水率只剩一～三%，眼看就要面臨空庫，台灣的半導體產業真的會發生「斷鏈」，疫情期間已經雪上加霜的全球晶片荒將更加嚴峻。

「這真是『一條水管，救了全世界的高科技產業鏈』！」王美花感歎。

為了找水，飛天鑽地

二〇二二年四月二十九日，第五屆「總統創新獎」頒獎。經濟部水利署憑著創新水利思維幫助台灣度過百年大旱，在全國兩百七十七組創新團隊中脫穎而出，拿到了團體組獎。

水利署得獎，可以說是實至名歸。百年大旱期間，為了找水，他們飛天鑽地，無所不用其極。

飛天，指的是人工增雨。古人祭天祈雨，現代人可以在科技助陣下「增雨」。抗旱期間，一發現有雨雲通過，只要氣候環境、條件許可，水利署增雨團隊就會立刻啟動人工增雨作業，透過燃放焰劑、空中潑灑清水等方式，催化雨雲，增加增雨率，形同跟老天爺多要一點水。

鑽地，找的是地下水。鑿井看似古老，一度引發不知情的網友訕笑，卻發揮極大作用。經濟部團隊整備、復抽、新鑿的抗旱水井總計四百三十九口，每日增加備援水量七十八萬噸，足可供應兩百七十萬人每日用水。

建築工地水源更是這一波抗旱水源的奇兵。台中盆地屬於卵礫石地層，蘊藏豐沛且經大自然岩層過濾後的乾淨地下水，平日工地開挖地基時，都把工地水直接排放。抗旱期間，水利署看中了工地水的潛力，設置行動淨水場，將工地水納入自來水系統。

由於此做法沒有前例，水利署相當謹慎。選定了台中綠園道兩處工地後，先是評估可利用水量達每日七萬噸，台水公司進行水質檢驗，符合飲用水源的水質標準後，再透過跨部會協調，由環保署邀請專家學者進行現勘，確認周邊環境沒有對地下水造成污染，優先

推動其中一處的工地水利用。

有了第一個成功的例子後，之後又有十處工地陸續加入，共計十一處，每日供水達十萬噸以上，可以滿足四十萬人一日用水量。

科技造水，長期布局

海淡水、再生水，也都在旱期中成為「救急水」。過去這樣的水源成本高，政府或企業都不想投注資源。但這次適逢大旱，蘇貞昌要求水利署增添設備，為極端氣候做好準備。這兩種「科技造水」都不受降雨影響，供水穩定，興建快速，易於擴充，而且不像水庫會因為大規模開發而影響生態，水利署列入多元水源的長期布局。

二〇二〇年十一月起，經濟部動員轄下的水利署、台電、台水，在新竹南寮漁港設置緊急海水淡化機組。從海淡機組、電力系統與供水系統的通力合作，以及新竹市政府全力協助用地取得，六十六天就完成了第一階段三千噸的產水目標。

二〇二一年二月，第二階段產水完成，每日再增加一萬噸。總計一．三萬噸的海淡水先輸送到台水公司的淨水場，再進入自來水管網系統，每日可提供五萬人用水。

二〇二一年三月，水利署又在台中發電廠設置台中緊急海淡組。開工之後，曾發生運

送機組的貨船在蘇伊士運河「卡船」，後來在各方協調下，及時將機組送到台灣，最後在五十四天內達成每日產水一．三萬噸的目標，還打破了新竹海淡機組的紀錄。

再生水是水的循環使用。抗旱期間，水利署在桃園、新竹、苗栗等地的水資源中心，

這是全世界壓力最大的怪手
Photo Credit : Suez Canal Authority
這是全台灣責任最重的怪手
去年 水庫清淤 量歷年2.6倍
今年同期清淤量 創歷年新高
石門水庫 防淤隧道五月貫通
桃新備援管線 已聯通
全台伏流水工程陸續完工
都有前瞻預算
拚抗旱清淤，政府早已前瞻部署！ #有政府 #會做事
作伙節約用水，相挺水利夥伴

2021 年 3 月，台灣長榮海運貨櫃輪在蘇伊士運河無法脫困，當時一旁的挖土機被稱是「全世界壓力最大的怪手」，蘇貞昌利用時事，以「全台灣責任最重的怪手」宣傳政府水庫清淤量創新高。

設置了二十七組RO（逆滲透）級移動式淨水設備，將放流水再次淨化，可做為工業用水，或是提供民眾當成澆花、洗車、洗地等生活次級用水。

另外，行政院也核定十一座再生水廠。位於高雄市的鳳山、臨海再生水廠，總計可為臨海工業區帶來每日七．八萬噸的穩定供水，佔臨海工業區單日用水量的一半左右。

在「不放過任何一滴水」的原則下，還有河床下流動的伏流水、埤塘水，以及高屏堰等地的下游餘水再利用，都在百年大旱中，帶來不同程度的「解渴」。

而為了省下任何一滴水，蘇貞昌也要求水利署在乾旱時加強清淤，趁疫情期間遊客較少，加緊開挖汰換老舊漏水的水管。

趁乾旱時清淤，全台灣責任最重的怪手

二〇二一年三月二十三日，台灣長榮海運大型貨櫃輪長賜輪卡在蘇伊士運河無法脫困，協助移除沙土的挖土機被稱是「全世界壓力最大的怪手」。蘇貞昌配合時事，也在臉書上貼了一張台灣挖土機的照片：「這是全台灣責任最重的怪手」。那是正在曾文水庫中從事清淤前置作業的怪手。

砂石車先載來厚重鋼板，怪手再將鋼板鋪在陽光曬到龜裂的泥土上，之後砂石車便可

蘇貞昌要求經濟部和國防部緊密合作，利用乾旱期加速水庫清淤作業，增加水庫的庫容。這是「化危機為轉機」最好的註解。

以直接開進水庫庫底，進行清淤。

久旱未雨，水庫水位持續下探，積泥砂裸露，卻也成了水庫清淤的最佳時機。二〇二一年的前三個月，各水庫單位就開始投入辦理清淤。到了三月下旬，在蘇貞昌的指示下，水利署便和國防部合作，選定石門、曾文等十座重要水庫，進行擴大清淤工作。國防部派出了五百二十三名國軍弟兄，在三月底正式展開清淤。

一名參與清淤任務的上尉回憶，當時每天上午七點抵達工區，忍受四十度高溫，在漫天沙塵下作業，工作到晚上六點，還得先整修路面、機具保養，回到宿舍時通常已過晚上七點，「沒有人多說一句話，因為我們知道，當下的辛苦，能提供水庫後續更充足的儲水量，這是對社會有巨大貢獻的任務。」

國軍進場之外，也有民間廠商支援協助清淤。政府與軍民合作，大幅提升清淤效率，過去全台水庫每年的清淤總量不到六百萬立方公尺，總計從二〇二〇年六月到二〇二一年五月，清淤量就高達一六五〇萬立方公尺，等於增加了超過三座寶山水庫的蓄水量。當後續梅雨鋒面來臨時，就能存下更多的水量。

台灣地形陡峻，只要颱風豪雨沖刷集水區，就會挾帶巨量泥砂入庫，造成水庫淤積，縮短水庫使用壽命。因此，政府從二〇一六年就開始推動水庫回春計畫，從上游的集水區

蘇貞昌要求台灣自來水公司與各縣市合作，利用疫情期間遊客較少時，加速自來水管汰換工程。
（圖為 2021 年 7 月 13 日，蘇貞昌拿起基隆廟口地下汰換起來的老舊水管，內部已嚴重鏽蝕阻塞。）

保育、庫區水力排砂、陸挖、抽泥，及下游的還砂於海，多管齊下，達到清淤最大化。

二〇一七年完工的曾文水庫防淤隧道，採用世界首創的象鼻鋼管工法，以水力排砂方式，將底層淤泥排出，比傳統的陸挖更有效率。同年還有阿姆坪防淤隧道動工，經歷約兩千天的工期，在二〇二三年四月完工，未來每年可以為石門水庫增加六十四萬噸的清淤量。

趁疫情時換新管，省下一座水庫的水

即使旱象稍解，抗旱工作卻不

蘇貞昌
2022年3月24日 ·

雖然今年水情穩定，目前曾文、石門等九座主要水庫已經達成「淤積 0 成長」的目標。我們規劃和興辦中的再生水、海淡水全數完成後，每天可以多提供 100 萬噸的水。台灣挺過百年大旱的挑戰，政府會持續努力開源節流、保住農業根本。

佈局百萬噸
再生水/海淡水
每日100萬噸供水 海淡水/再生水興辦、規劃中
送出 再生水資源發展條例 修正案，擴大使用再生水範圍
北部主要水庫蓄水率約8-9成 今年水情樂觀
石門、曾文等9座水庫 達成淤積0成長
蘇貞昌

水情穩定後，蘇貞昌在社群媒體放上政府的開源節流成果。一年間，從水庫清淤、海水淡化到再生水廠，都有大幅度成長。

能鬆懈，「降漏」就是其中之一。

二〇二一年七月十三日，蘇貞昌來到基隆廟口，視察自來水管線汰換執行工程。在時任基隆市長林右昌的陪伴下，蘇貞昌端詳著汰換下來的自來水管，內緣布滿雜質，這是水管年久未修造成的結果。

水管老舊破損是基隆市漏水率偏高的主要原因，二〇一二年曾高達三二%，雖然已經降至二四%左右，蘇貞昌期許還要「加速腳步、加大力道」。

態度・堅持

「國家每個大型建設都需要有遠見和執行力的團隊，合作無間、全力以赴，才能看到今天的成果，」蔡總統說。

由於正值疫情三級警戒時期，人潮、車流大幅減少，在蘇貞昌的要求下，台水公司加速辦理基隆廟口一帶的管線汰換。新的管線採用延性石墨鑄鐵管，耐震能力較高，耐用年限長達四十年以上。全面汰換完成後，基隆地區漏水率可降到二〇％以下，大約可省下二．二座新山水庫蓄水量。

蘇貞昌對於「降漏」，有著貫徹到底的決心。早在二〇二〇年九月，他核定了「全國備援調度幹管工程計畫」，總經費一百四十五億元，要在全國北、中、南埋設十七條新的幹管。「有了新管，就如同公路的外環道，更換舊水管時不用停水，現有一再漏水的舊水管，也可以更迅速換新，」蘇貞昌強調：「防止漏水，一年就可省下相當於一座水庫的水。」

胡南澤是首位從台水公司最基層的工程師做起，一路當到總經理，並經蘇貞昌拔擢為董事長的專業台水人。在他帶領全體同仁全力衝刺此項任務下，二〇二二年八月二十九日，首條完工的新水管「高雄市旗津區第二條過港送水管」通水了，不僅較原先已使用超過三十八年的第一條水管大，並且旗津以後進行水管換修時，也不會再像過去一樣停水了。

2023 年 4 月 21 日，石門水庫阿姆坪防淤隧道工程竣工時，蔡英文總統特別感謝沒有到場的蘇貞昌。她提到，2006 年她是行政院副院長、院長是蘇貞昌，蘇院長為了北部地區供水要穩定，就決心投入預算來整治石門水庫，這項工程就是當年計畫的一部分，因為有了前瞻預算的挹注，終於能夠完成，為台灣水利建設寫下重要一頁。

防旱有成，國際前來取經

政府很早就把水資源視為國家生存發展的基礎，在二〇一七年擬訂「開源、節流、調度、備援」四大穩定供水策略，並推動前瞻基礎建設計畫，多元興辦水資源設施，強化供水能力及設施韌性，增供每日一百七十五萬噸水源，相當於全國一六％用水，都在百年大旱期間發揮了關鍵效果。

百年大旱發生時，因為台灣是全球晶片生產重鎮，各國媒體都相當關注。隨著台灣抗旱有成，化危機為轉機，荷蘭、

2022 年 9 月 4 日，石門水庫阿姆坪防淤隧道利用軒嵐諾颱風期間首次試用，於 3 小時內排出 20 萬立方公尺淤泥，相當於兩萬輛次的砂石車運砂量，充分發揮水庫防洪、防淤，及兼顧發電效益。圖為防淤隧道進水口弧形閘門。

從空中鳥瞰完工後的阿姆坪沖淤池。

“態度・堅持

每一代水利人，都在為下一代奠基。百年大旱的抗旱經驗，將化為水資源長治久安策進規劃，為台灣的百年發展，建立典章制度。”

日本、西班牙、美國、比利時等國，都陸續邀請台灣分享水資源管理經驗。

「水利外交」成為台灣的勝場。日本經濟產業省主動邀請共同籌辦台、日水領域資訊交流會，與台灣水利工程師展開對話，交流本次抗旱的成功經驗；亞洲開發銀行也邀請水利署分享台灣抗旱之道，對台灣靈活運用伏流水、建築工地水等措施，留下深刻印象。

為台灣的百年發展，建立典章制度

二〇二三年四月二十一日，蔡英文總統出席阿姆坪防淤隧道竣工典禮。她稱讚這項工程「為台灣水利建設寫下重要的一頁」。

「國家每個大型建設都需要有遠見和執行力的團隊，合作無間、全力以赴，才能看到今天的成果，」蔡總統說，二〇〇六年她是行政院副院長，當時的閣揆就是蘇貞昌，蘇貞昌認為北部地區供水要穩定，石門水庫非常關鍵，於是核定了石門水庫及其集水區整治計畫，而這條防淤隧道，就是上開計畫的一部分。這也是一直到民進黨再度執政，二〇一七年在前瞻預算中編足經費，才把這個工程完成。

參與典禮的行政院長陳建仁，特別感謝林全、賴清德、蘇貞昌三位行政院長一棒接一棒的努力，才有了如今可以讓石門水庫延壽回春的成果。隧道完成後，六十歲的石門水庫，可以延長壽命到兩百年。石門水庫的命，就這樣被救回來了。

二〇二三年仍是水情吃緊的一年，南部更是遭遇了三十年最大旱。賴建信再度為了防旱，馬不停蹄，全台奔波。

賴建信出身自彰化大村鄉，父親是農民，也在農田水利會擔任工程師，賴建信還記得父親畫的工程圖，線條俐落工整，竟然全是徒手完成。

後來賴建信考進了中興大學水土保持系，像父親一樣，也投入了水利的世界。他一路念到博士，為了將所學貢獻社會，選擇從事公職。他從鎮公所的技工做起，一路晉升，四十八歲接掌水利署，成為歷屆來最年輕的署長。

這幾年，由於水情吃緊，水利署站上了風口浪尖，備受外界批評。蘇貞昌經常以「嘉南大圳之父」八田與一為例，勉勵賴建信。「日本統治台灣五十年，有十九位台灣總督，如今無人記得。八田與一為台灣留下了珍貴的水利建設，事蹟一直為台灣人追念，」蘇貞昌說。

每一代水利人，都在為下一代奠基。百年大旱的抗旱經驗，將化為水資源長治久安策

掃描看影片

為因應全球極端氣候，蘇貞昌要求建設更多的備援管線和海水淡化機組，以因應未來可能的旱象。

https://fb.watch/mQ1_pbZ54-/?mibextid=v7YzmG

蘇貞昌親自到場見證石門水庫阿姆坪防淤隧道完工後首度沖淤作業。這項工程每年能夠去除 64 萬噸的水庫淤積物，還能延長石門水庫 200 年的壽命。

https://www.facebook.com/gogogoeball/videos/321337703605127

進規劃，為台灣的百年發展，建立典章制度。

四年任內，蘇貞昌曾到石門水庫看清淤作業，到竹南水資源回收中心看移動式淨水設備，到基隆夜市看自來水管汰換，到南投烏溪鳥嘴潭看人工湖工程……，光是視察水利建設就高達二十六次。

經常陪同視察的賴建信說：「蘇院長走路飛快，腳步跨得大，卻走得很踏實。」歷經兩次大旱的危機，賴建信仍不敢鬆懈，他記得蘇貞昌所叮嚀的，工程都要求百年久遠，踏實的把每一件水利建設做好，繼續涓滴守護韌性的台灣。

第十章

福國利民

厚植經濟實力，推動全民福利

美中貿易戰，新冠疫情，俄烏戰爭，世界變局中，台灣化危機爲轉機，經濟成長創新高。有穩健的國家財政作爲基礎，蘇貞昌落實蔡總統的長照、育兒福利政策，並擴大不孕症補助、租金補貼，用政府的力量，讓老有所依，幼有所養，弱勢得到幫助。

二〇二三年一月二十八日，在介紹新任閣揆陳建仁、感謝蘇貞昌的記者會上，蔡英文總統對著國內外媒體表示：「蘇貞昌是最有魄力、最有執行力、最會做事的行政院長」。

在蘇貞昌擔任行政院長的四年期間，國家經歷各種內外危機，有全球疫情、有美中兩國的貿易戰爭，以及引發全球原物料價格劇漲的俄烏戰爭。但台灣不但沒有被擊倒，反而在國際間站穩一席之地，從經濟的表現到民主的發展，都讓全世界眼睛一亮。

二〇二三年一月四日，蘇貞昌宣布全民普發現金六千元，預計撥補一千四百億、農曆年後發放，中、低收入戶生活補助也持續分別加發每人每月五百元、七百五十元。

一月十二日，行政院通過「疫後強化經濟與社會韌性及全民共享經濟成果特別條例」草案，規劃以三千八百億元，用於普發現金、挹注勞健保基金、擴大公共運輸補貼等九類範圍。

蘇貞昌在院會中指出：「近年來，台灣接連面對美中貿易衝突、百年大疫、俄烏戰爭，所幸民眾齊心努力，政府各項產業政策與優化投資環境布局早，做得到位，才能化危機為轉機，讓整體經濟表現創下佳績。」

「為了因應今年全球經濟變局，包含持續通膨壓力、經濟衰退風險，都可能對國內產業經濟造成不利影響，也對社會負擔帶來衝擊，蔡總統明確指示行政團隊要以減輕人民負

擔、穩定民生物價、調整產業體質、維持經濟動能等四項目標，全面強化台灣整體經濟社會韌性及應變能力，並讓經濟成果與全民共享。」

蘇貞昌卸任的隔月，二月二十二日，立法院三讀通過「疫後強化經濟與社會韌性及全民共享經濟成果特別條例」。三月二十二日，普發現金六千元以「登記入帳」、「ATM領現」、「郵局領現」、「直接入帳」及「造冊發放」五種方式，開始發放民眾領取。

這是蘇貞昌卸任前，送給全民的新春祝福。

政策引導全球投資台灣，創造「財政奇蹟一〇一」

《雙城記》的開場名句：「這是最好的時代，也是最壞的時代。」用來形容蘇貞昌重掌行政院的四年，應該也十分貼切。

戰爭、病毒的雙重夾擊下，全球經濟陷入衰退，多國財政千瘡百孔，台灣卻在變局中厚植經濟實力。根據「國際貨幣基金」（IMF）報告，二〇二二年，在全球一百九十一個經濟體當中，台灣GDP（國內生產毛額）排名第二十一名，持續向全球前二十大經濟體邁進。

在美中貿易戰爭開打之際，全球供應鏈面臨重組的趨勢下，政府透過政策引導，吸引

全球投資台灣，特別是台商回流，是台灣化危機為契機的關鍵。

二〇一八年十一月，時任行政院長的賴清德先核定了「歡迎台商回台投資行動方案」，二〇一九年六月，蘇貞昌又再核定「歡迎台商回台投資行動方案2.0」、「根留台灣企業加速投資行動方案」及「中小企業加速投資行動方案」，合稱「投資台灣三大方案」，透過單一窗口的「投資台灣事務所」來協助廠商投資。

投資台灣事務所執行長張銘斌形容，事務所的專案經理扮演著「小天使」的角色，對廠商提供手把手的服務，幫助企業轉型成長，加速投資台灣。

除了台商，外商對於投資台灣，也很熱絡。「台灣有開放透明的民主制度，水、電等基礎建設完整，加上政府大力推動相關研發補助計畫，吸引輝達（NVDIA）、美光（MICRON）、艾司摩爾（ASML）等國際大廠來台投資，」經濟部長王美花指出。

張銘斌表示，投資台灣三大方案施行以來，至二〇二三年八月中，通過審查的廠商近一千四百家，投資金額達新台幣二・〇九兆元，為台灣創造近十四・六萬個就業機會。

台商回流、外商也加碼投資台灣，形成產業聚落，帶動國內投資、生產、出口成長能量，提高就業率、刺激消費力，對國內經濟形成正向循環。二〇一九年到二〇二二年四年中，台灣累計經濟成長了一五・三％，商品出口增加三〇％，製造業生產增加二四・一％，

二〇二二年全年失業率為三・六七%，是近二十二年來最低。

生產活動蓬勃發展，工商銷售及服務、餐飲業成長，政府稅收自然也豐收滿倉。首先是證券交易稅增加，接著是營利事業所得稅、綜合所得稅，四年下來，中央政府實際稅收比預算數多出一兆一百七十二億元，真的是「財政奇蹟一〇二」（一・〇一七二兆）。

蘇貞昌四年任期的中央政府總決算，每年的歲入歲出賸餘都超過千億元，二〇二二年甚至賸餘近五千億元。除了地方政府從中央統籌分配稅款中獲益，政府整體的財政狀況也大幅改善。

「這是全民打拚、政府適當政策引導，以及國內廠商努力的成果，」主計總處朱澤民主計長表示。

疫情下的經濟奇蹟

二〇二〇年初，COVID-19疫情來勢洶洶，行政院迅速制訂「嚴重特殊傳染性肺炎防治及紓困振興特別條例」，送立法院審議通過，並編列特別預算，連同四次追加預算，總經費八千四百億元。

根據特別條例，預算執行時可移緩濟急，彈性運用，行政部門便視疫情變化及疫情預

一、近 10 年全國稅課收入預算與實徵數比較表

年度	預算數	實徵數	實徵數較預算數增加（減少）	達成率（%）
2013	18637	18341	-296	98.4
2014	18673	19761	1088	105.8
2015	19471	21349	1878	109.6
2016	20963	22241	1278	106.1
2017	21552	22512	960	104.5
2018	22973	23869	896	103.9
2019	23875	24705	830	103.5
2020	24209	23987	-222	99.1
2021	24415	28742	4327	117.7
2022	27242	32479	5237	119.2

備註：本表含關稅、金融業營業稅、健康福利捐即撥入長照服務發展基金之稅款；四捨五入關係，各欄細項加總或與總數未盡相同。

二、近 10 年中央政府稅課收入預算數與實徵數比較表

年度	預算數	實徵數	實徵數較預算數增加（減少）	達成率（%）
2013	12803	12180	-622	95.1
2014	12713	13434	720	105.7
2015	13194	14651	1457	111.0
2016	14400	15338	938	106.5
2017	14693	15229	536	103.6
2018	15775	16392	617	103.9
2019	16471	16861	390	102.4
2020	16796	16054	-742	95.6
2021	16785	20038	3253	119.4
2022	19038	23040	4002	121.0

備註：本表不含統籌稅款、特別預算即撥入長照服務發展基金之稅款；四捨五入關係，各欄細項加總或與總數未盡相同。

蘇貞昌擔任閣揆四年，國家總體稅收超乎預算數共累積 1 兆零 172 億，是近幾十年來最好的成績，為台灣福利政策的推動累積雄厚能量。

三、近年來營所稅與證交稅實徵數

單位：千元

統計期	營利事業所得稅	證券交易稅
2008	445244861	906390291
2009	334162587	105956213
2010	285701268	104574112
2011	367186074	93990479
2012	367744332	71940358
2013	351115287	71383425
2014	402631678	88710660
2015	462784445	82032932
2016	510388471	70854816
2017	503312206	89967010
2018	567944689	101170666
2019	647910948	91204700
2020	477052060	150631874
2021	701845090	275392541
2022	1027278985	175604475

經濟成長率在 2021 年創下 11 年來最好的成績 6.53%，企業的獲利反映在稅收上：2021 年的證交稅為史上最多的 2 千 7 百多億，2016 年馬政府僅 7 百億。2022 年申報的營所稅也從 2016 年的 5 千億成長到史上最高的 1 兆多。

四、近年來上市櫃市值變化

（單位：兆元）

年度／上市上櫃	上市公司市值	上櫃公司市值	合計
2010	23.81	1.98	
2011	19.22	1.42	
2012	21.35	1.74	
2013	24.52	2.32	
2014	26.89	2.68	
2015	24.50	2.73	27.23
2016	27.25	2.72	29.97
2017	31.83	3.32	
2018	29.32	2.83	
2019	36.41	3.43	
2020	44.90	4.35	
2021	56.28	5.78	62.06
2022	44.27	4.42	48.69

蘇貞昌內閣趁美中貿易戰時吸引全球資金來台投資、引領台商回台，上市櫃公司在 2021 年市值已經成長至馬政府時代的兩倍。

蘇貞昌常說：「主計長點頭，我才能答應。」雖然四年來國家稅收大幅成長，但防疫支出、福利政策和基礎建設需求更多，在主計長朱澤民運籌帷幄下，很少對蘇貞昌的請求說：「不！」

負責籌措各項政府財源的前財政部長蘇建榮，在疫情期間致力簡化網路報稅系統，讓所得稅得以在疫情嚴峻期間仍順利徵起。

測，超前布署各項措施。包括了口罩國家隊的成立，快篩試劑及疫苗、藥品、防疫物資的生產、進口、購買，或是對受疫情影響的民眾、企業提出紓困、振興措施，減緩了疫情對台灣社會的衝擊。

朱澤民直言：「疫情重創全球經濟，在這樣的大環境下，台灣仍能維持相當程度的經濟成長，很多國家視為奇蹟。」

在疫情嚴峻期間，為了降低群聚風險，並順利完成稅收徵起，財政部精進所得稅網路申報系統，從二〇二〇年起，推出綜合所得稅手機身分認證與申報系統，不須讀卡機與電腦，也可完成所得稅申報繳納。

同一年起，在蘇貞昌的全力支持下，連續三年將所得稅申報繳納期間，由每年的五月延長到六月底，並放寬受疫情影響的個人或營利事業申請延期或分期繳納稅款的條件。

財政部的創新便民與延緩繳納，獲得了納稅義務人的讚許與好評。前財政部長、現為金融研訓院董事長蘇建榮回憶，某次院會，蘇貞昌在聽完當年所得稅申報繳納情形後，十分肯定財政部的表現，還用台語說：「你看，有些部會發錢給民眾還被嫌，財政部向民眾課稅卻能課到被稱讚！」

由於國庫資金充裕，政府將部分多出的稅收，進行實質債務還本，四年累計達五千三百多億元，中央政府實際債務負擔率降到二八・三％，是十五年來最低。扣除債務還本後，中央政府總決算的歲計賸餘四年累積，還能達到六〇一七億元。

當政府有更充裕的財政能量，因應非常時期的各項政事支出需求，便能有效提升國家財政的韌性。台灣穩健的財政管理，在二〇二一年連續獲得三家國際信評機構的肯定，一致調升我國的主權信用評等，是前所未有的情況。

> 態度・堅持
>
> 蘇建榮說：「蘇院長任內四年，是二十年來，我國財政狀況最穩健的一段期間。」

「蘇院長任內四年，是二十年來，我國財政狀況最穩健的一段期間，」蘇建榮強調。

長照福利，看得到、用得到，也負擔得起

在國家財政穩定的基礎上，蘇貞昌四年行政院長任內，不論是長照、育兒、租屋，都投注了前所未有的預算，二〇二三年編列的整體社會福利支出超過七千億元，為歷年最大規模。就是希望在這塊土地上，老有所依，幼有所養，難有所助，即使是弱勢族群，也能獲得安居樂業的機會。

「只要做民調，長照或育兒津貼等社會福利，民眾的評價都相當不錯，」台大社工系榮譽教授、行政院政務委員林萬億透露。

這兩項福利政策，跟他都有很深的淵源。一九九八年，林萬億參加行政院舉辦的研討會，對於人口老化、少子女化的趨勢提出警訊。隔年，林萬億受邀成為台北縣長蘇貞昌的副手，對社會福利政策多有著墨。

二〇〇六年九月，蘇貞昌第一任行政院長任內，以「推向均富的先進社會」為願景，提出「大投資、大溫暖」計畫。社會福利領域相關政策，便是

由林萬億操刀。當時他提出「建構長期照顧體系十年計畫」，就是日後的「長照1.0」。

該計畫以全人照顧、在地老化、多元連續服務、財力可負擔性、個別差異及非營利化為原則，二〇〇七年三月經蘇貞昌拍版定案，預計十年（二〇〇七～二〇一六）投入八一七億元。

二〇〇八年，政黨輪替，國民黨執政後，想把「建構長期照顧體系十年計畫」改為「長照保險」，但未能成功。「長照不是人人都用得到。大部分老人需要的是健康照護與健康促進，需要用到長照的比率，約為一二～一三％，」林萬億解釋，「繳保費，沒服務，人民很難接受。」

二〇一六年，蔡英文參選總統期間發現，過去八年，長照計畫並沒有好好推動。然而，台灣的人口老化速度已禁不起拖延。她接受林萬億的建議，將長照政策直接升級為「長期照顧十年計畫2.0」，即「長照2.0」。

蘇貞昌原本就是「長照1.0」的核定者。重掌行政院後，由他來繼續推動「長照2.0」，又有林萬億的協助，可以說是駕輕就熟。「長照制度的升級與服務資源布建，是因應高齡化社會最重要的課題，也是蔡英文總統的重大政見，」蘇貞昌指出，「政府舉全國之力，幫大家一起照顧長輩，讓國人看得見，找得到，用得到，也負擔得起。」

從蘇貞昌第一次擔任行政院長時「大投資，大溫暖」套案的「長照 1.0」，到蔡政府的「長照 2.0」與各項社會福利政策，政務委員林萬億都是長照與社福體系的重要規劃師。

長照預算，較國民黨時代增加六百億

「長照2.0」上路五年多來，衛福部整合中央、地方及民間資源，積極推動相關工作，已展現諸多成果。

首先，大幅增加長照預算。二〇一六年，國民黨執政最後一年，長照預算為四五·八億，二〇二二年已經增加到六〇七億元。蘇貞昌最後一年（二〇二三年）編列的長照預算，更高達六五〇億元。

其次，政府也推動ABC級社區整體照顧體系，前端連接家庭照顧者支持服務，後端銜接住宿型照顧機構，服務據點已從七百多處，增加到超過一萬一千處。

在蘇貞昌的督促下，「一學區一日照中心」的布建，也從二〇一六年的二〇五家，

態度・堅持

政府舉全國之力，幫大家一起照顧長輩，讓國人看得見，找得到，用得到，也負擔得起。95.5% 的長照使用者表示，對家人照顧支出負擔減輕。

增加到二〇二二年的七六五家，布建率近六五％；「一城鎮一住宿型機構」，也已陸續佈建二九六鄉鎮區，布建率達八〇％。

「長照 2.0」也銜接了醫療機構與末期病人的安寧照顧，並將原住民族文化健康站、退撫會榮民之家照顧體系納入長照體系。因應失智人口增加，衰弱老人需及早延緩老化，也加速失智症服務布建，與衰退老人延後老化服務。

有充足的長照服務人力，才能服務更多有需要的民眾。由於居家服務員的薪資水準調升為平均薪資三萬八千元，服務人力從二・五萬人，增加到九・一萬人；獲得給付服務的人數，則從不到十萬人成長至超過四十萬人。服務涵蓋率也從兩成，大幅增加到近七成。

值得一提的是，二〇一九年起，家中長輩住在住宿式服務機構，每人每年可獲六萬元補助；申請長照服務者，於申報所得稅時，還有十二萬元的長照特別扣除額，對減輕一般中產家庭的負擔，幫助不小。

透過 1966 長照服務專線，民眾就可在「照顧及專業服務」、「交通接送」、「輔具租借、購買及居家無障礙環境改善」、「喘息服務」等四大類

服務中，提出申請。「蘇院長曾經請幕僚撥打1966，確認通話順暢，並能提供專業服務，讓有需要的家庭真的能找得到，看得到、用得到，」林萬億說。

二〇二一年，衛福部曾委託專業民調公司進行「長照2.0」滿意度調查，整體滿意度高達九三．七％，有九八．四％使用長照2.0家庭照顧者表示可減輕照顧負荷及心理壓力，九五．五％表示對家人照顧支出負擔減輕。

育兒津貼翻倍

在二〇〇六年的「大投資、大溫暖」計畫中，林萬億曾經針對少子女化，提出普及嬰幼兒照顧體系。二〇一八年，進一步擬訂「我國少子女化對策計畫」，對於六歲以下學齡前幼兒的教育與照顧，以「擴展平價教保」及「減輕家長負擔」，為兩大重點。

二〇二一年一月，行政院又將蔡總統「〇～六歲國家跟你一起養」政策，納入少子女化計畫中，以「平價教保續擴大」、「就學費用再降低」、「育兒津貼達加倍」等三大策略，達到〇～六歲的全面照顧，是近年來政府提供年輕家庭最大的育兒支持措施。

為了讓年輕一代「願婚、敢生、樂養」，政府也是大手筆投入少子女化對策經費，從二〇一六年的一百五十多億元，二〇二二年已超過八百億元，二〇二三年所編列的預算更

因為有厚實的經濟成績，育兒津貼才能於 2022 年 8 月起，每個月每人發放五千元，比 2019 年時成長一倍。

是將近一千一百億元，希望從各方面減輕婚育家庭育兒負擔。

其中，育兒津貼最讓民眾直接有感，從二〇二〇年的每人每月兩千五百元，二〇二一年提高到三千五百元，二〇二二年更增到五千元。準公共化托育補助也增為每月八千五百元，且第二、三胎還再加碼。育兒津貼及托育補助都不排富，即使是綜合所得稅稅率達二〇%以上的家庭，也能申請。

就讀公共與準公共化幼兒園的學費，每月最多僅需三千元。平價托育及教保名額，從二〇一六年的十八萬人，大幅增加到五十六萬人。政府也幫幼教服務人員加薪，不論是公共化托育人

員、準公共化托育、教保人員的薪資，或是公私立幼兒園教保員的教保費，都獲得大幅調高，合計約七萬多名幼教服務人員受惠。

此外，安全合格的娃娃車，是接送孩子平安抵達幼兒園的重要交通工具，也是在蘇貞昌擔任院長後，從二〇一九年七月起，教育部開始針對車齡將屆十年的娃娃車進行汰換補助，幼兒園若想增購娃娃車的，也同樣補助車價的四成（約三十六萬元）。二〇一九到二〇二三年，已累計補助超過一千七百輛，約佔全國娃娃車總數的一半，讓小朋友安全上下學、也讓家長安心。

不孕症補助擴大至全民

二〇二一年四月，行政院召開性平會前，幕僚提醒院長，有委員將於會中提議增加產檢假補助次數及補助項目，蘇貞昌便跟幕僚討論，還有沒有其他有助婚育家庭措施的可能性。行政院顧問丁怡銘提議：「不孕症全面補助」。

早在二〇一五年四月，不孕症補助便已公告實施，由於當時只補助中低收入戶，一年只補貼一次，每年獲補助申請的夫妻不超過二十對。各黨都有立委提出全面補助的建議，政府礙於經費不足，始終無法擴大辦理。雖有不孕症補助，受惠者太少，六年來只孕育了

七名新生兒。

「補助不一定會讓人民更想生，但是可以讓想生的人，獲得更多支持，」在與婦產科醫師林靜儀討論後，她提出這樣的政策方向。她進一步向行政院建議，除了不孕症補助，待產和產後的配套支持也很重要。

經過與幕僚討論後，蘇貞昌便找了主計長朱澤民、當時的衛福部部長陳時中、次長薛瑞元，以及林萬億等人討論，由林萬億出面召開跨部會協調。

在四月二十六日的行政院性平會中，蘇貞昌先做出政策宣示，除了裁示超過提案委員原所期待的產檢假補助次數（委員提議由原本十次增加到十二次，蘇院長裁示十四次）及增加補助項目外，還要求部會於兩週內針對擴大不孕症補助、放寬育嬰留職停薪規定，及調高育嬰留職停薪津貼等政策提出具體規劃。

會後各單位幕僚提出預算後，因為金額不小，眾人原以為不太可能會被院長接受。沒想到林萬億說：「蘇院長指示要做，而且今年七月就要上路。」在場的各機關聽完都非常訝異，這是爭取了十幾年的福利，竟然在他們手上就要實現。

原本衛福部國健署於不孕症補助政策研擬過程中，提出三億元的預算規劃，且限定補助到預算用完為止。但蘇貞昌隨後裁示：「有意願生的，統統都給予補助，預算沒有天花

板。」於是預算當即提高至三十二億，足足較國健署所提出的增加十倍。

在各單位確認執行細節後，蘇貞昌就在五月六日、母親節前夕的行政院會中宣示「助圓夢、安心生、國家跟你一起養」政策，算是送給婚育家庭的母親節大福袋。同時他要相關部會一口氣配套修正十五項法規命令，並要求相關措施在七月一日前完成。展現政府的效率和魄力。

送給婚孕家庭的大福袋

這次推出的擴大不孕症治療（試管嬰兒）補助措施規定，不孕症夫妻中，只要妻子未滿四十五歲，都可以提出申請，無所得限制且不排富。同時提高補助次數，四十歲以下，每胎補助六次；四十歲到四十四歲之間，每胎補助三次；首次申請上限十萬元；再次申請，上限六萬元。政策目標是滿足不孕夫妻生育期待，減輕不孕夫妻的經濟負擔。

二〇二二年七月，擴大不孕症補助推出滿一年，獲補助案件數便超過兩萬八千件，順利誕生三千名新生兒。行政院舉辦「助孕補助周年成果」，邀請接受補助並順利產下新生兒的家庭（第一名、第一千名、第兩千名、第三千名）前來。這也是行政院有史以來最小的貴客來賓，這些開心圓夢的爸媽除了獲得蘇貞昌頒給的一萬元禮券外，也分享了他們

2022 年 7 月 27 日，蘇貞昌邀請因得到政府不孕症補貼而誕生的第 1 位、第 1 千、2 千、3 千位新生兒家庭到行政院接受政府祝福，至 2023 年 4 月底，得到補貼而誕生的孩童已達一萬名。

的心路歷程，其中不乏原本已放棄生育，卻因為獲得政府的大力補助得以圓夢的例子。

「很高興看到政策的效果巨大，成果非常溫馨美麗，」蘇貞昌致詞時表示：「政府的預算來自人民。政府必須展現魄力，將預算發揮最佳效果，幫助父母完成夢想。」

到場領獎的第一個家庭，生下的還是雙胞胎，蘇貞昌十分開心。「我會繼續加碼，預算沒有上限。經費不夠，就用預備金。只要爸媽願意，政府就盡全力。」二〇二三年五月，總計已有五萬件獲得政府不孕症補助，並成功產下超過一萬名新生兒。

除了擴大不孕症補助，政府也為準媽媽準備了更多福利：孕婦免費產檢次數，從十次提高為十四次；產檢項目新增妊娠糖尿病篩檢、貧血篩檢；全民健保補助超音波檢查，也由一次提高為兩次；媽媽的有薪產檢假、配偶的陪產檢及陪產假，則都由五天增加為七天。

在這次的大規模修法中，也讓夫妻可以同時申請育嬰留職停薪以及請領育嬰留職停薪津貼，育嬰留職停薪津貼補助從六成薪調高為八成薪，增加的兩成全由政府負擔。

育嬰留職停薪津貼調高後，由於請育嬰假可領八成薪，多位立委私下表示助理生完孩子後，育嬰假都請滿半年，可見這項政策深得人心。這也是蘇貞昌從全方位來思考照顧政策，為女性兼顧家庭與職場做最大的努力。

照顧租屋族，史上最大補貼規模

不論是防疫初期「口罩國家隊」成立，四十天增建了九十二條口罩產線；或是「班班有冷氣」，一年半內全國超過十萬間教室安裝十八萬台冷氣，高效率的跨部會合作是蘇內閣的一大特色。

二〇二二年七月上路的「三百億元中央擴大租金補貼專案」，在內政部徐國勇部長配合支持，由內政部次長花敬群主責，結合財政部、衛福部、教育部、國家住宅及都市更新

在蘇貞昌政策指示及支持下，租金補貼大幅降低申請門檻，讓薪水稍高的年輕人也能夠申請，租金補貼整體預算從五十七億成長到三百億元。

中心等單位密集開會，三個月內就端出了史上最大規模照顧租屋族的政策。由花敬群在行政院記者會上正式宣布七月申請、九月就入帳，可為期一年的重大福利。

為了降低國民租屋負擔，政府除了積極投入社會住宅的建設外，同時還有「租金補貼」的配套。原本補助專案只有限額六萬戶，蘇貞昌上任後，逐年提高至十二萬戶，但申請門檻仍維持在家庭所得必須少於最低生活費二・五倍。

在蘇貞昌政策指示及支持下，租金補貼大幅降低申請門檻，讓薪水稍高的年輕人也能夠申請。申請的所得標準放寬為最低生活費的三倍，租金補貼整體預算從五十七億成長到三百億元，目標照顧戶數也提高到五十萬戶。三十五歲以下單身青年、兩年內新婚家庭、育有未成年子女家庭，以及社會經濟弱勢家庭等四大族群，都納入補助加碼的適用對象。補貼金額更根據身分提高一・二～一・八倍，其中育有未成年子女家庭，更按生育人數提高補貼金額。

租金補貼專案也強調申請手續簡便，對於已經接受補貼的舊戶，政府主動提供試算、確認意願後，由系統直接帶入資料完成申請。初次申請的新戶，只要簡單驗證身分，上傳租約及存摺封面，核對資料後，就完成申請。

由於國家稅收狀況良好，蘇貞昌為了減輕租屋族負擔，於 2022 年 6 月 30 日宣布投入三百億，擴大對相關族群的租金補貼，當年就有 28 萬個個人及家庭獲得加碼補助，是 2016 年的 4 倍多。

蘇貞昌十分重視專案的細節，為了增加租屋族的受惠人數，他還特地詢問辦公室的年輕助理，確認以他們的薪資水準計算也能符合申請標準，才能真的幫助更多在外地工作的年輕人。

另外，部分房東擔憂被追稅，不願意讓房客申請租金補貼。蘇貞昌便請內政部和財政部協商，房東加入本專案，就是「公益出租人」，不做為追溯課稅的依據，還可以獲得房屋稅、地價稅、所得稅三項租稅優惠，形成租屋族與房東雙贏。擴大補貼方案實施後，到蘇貞昌卸任時，獲得租金補貼的戶數已達二十八萬戶，是二〇一六年的四倍多。

除了照顧租屋族，蘇貞昌也希望呼應林佳龍、蔡適應、陳時中以及鄭運鵬四人，在縣市長選舉時提出的聯合政見「生活圈通勤月票」，擴大補貼各縣市跨域通勤的民眾。

內政部次長花敬群展現高度行政效率，租金補貼從政策公布，到讓民眾網路申請、戶頭入帳，只花了兩個月。

二〇二二年十二月，蘇貞昌找來交通部長王國材開會，請他盡快依據各區域生活圈的需要，規劃「中央促進公共運輸使用方案」，由中央挹注兩百億元，補助全國各縣市大部分的經費，來降低跨縣市通勤民眾的負擔，也希望藉此提升大眾運輸的使用率。

由於包括台鐵、捷運、輕軌、市區公車、公共自行車，都要納入，系統整合較為複雜，交通部原本預期整合期會長達一年，但經王國材與地方政府積極合作，在半年內完成整體票務系統整合，於二〇二三年七月一日就啟動「基北北桃」、「中彰投苗」、「南高屏」三大生活圈的通勤月票服務。

就像蘇貞昌當年爭取經費，為屏東小漁港加長蓋的那道防波堤那樣，為滔天巨浪中逃生的漁民，發揮了救命的功能。每救了一個人，就等於救了一

蘇貞昌在任四年，無論是育兒補貼、長照預算，或是針對青年、婚育、弱勢等家庭的租屋補貼，政府挹注的經費都是史上最最高的，他也充分利用社群媒體宣傳政策。

個家庭。

行政院長四年內，他希望自己推動的各項福利措施，能為弱勢族群打造出一道道無形的防波堤。

儘管還不夠盡善盡美，但是他始終盡力而為。

殫精竭慮，只為土地和人民

小時候每到清明節，身為長子的蘇貞昌有個重要的任務，就是把潤餅（春捲）送到大舅家。

父親是基層公務員，母親是小學老師，除了家中五個孩子，父母還照顧有困難的姑姑，拉拔她的六個孩子長大。在經濟拮据的年代，看醫生是件奢侈的事情。慶幸的是，蘇貞昌有個當醫生的大舅。當家中有人生病，就到大舅的診所看病。診治、藥品從不收費。

父母為了表達謝意，清明節拜拜後的頭十捲潤餅一定是送給大舅。餡料中有會出水的食材，為了避免薄薄的餅皮因溼潤而破裂，送潤餅的速度一定要快。

於是，父母還在打包時，蘇貞昌已經牽出腳踏車待命。潤餅一交到他手上，他便一路奔馳到大舅家，恭恭敬敬地送上潤餅。

態度・堅持

食人一口，還人一斗，父母的身教，影響他一輩子。當年那個騎車送潤餅的少年，後來成為行政院長。他始終沒有忘記，是這塊土地孕育了他，給了他茁壯的養分。

食人一口，還人一斗，父母的身教，影響他一輩子。當年那個騎車送潤餅的少年，後來成為行政院長。他始終沒有忘記，是這塊土地孕育了他，給了他茁壯的養分。他對於台灣，心中滿滿的感激。

蘇貞昌愛看電影，他曾在國片中看到自行車隊中有一名角色叫做「破風手」。這名隊員騎在前方並不是為了自己能率先抵達終點，他一路阻擋風雨，幫隊上的主將保留體力，在終點前，精疲力盡的破風手會退開，讓主將做衝刺，取得勝利。

「要前進就不能怕風雨！」政黨政治總有競爭，身為執政黨的行政院長更是批評和攻擊的眾矢之的。二〇一九年到二〇二三年這四年的動盪年代中，蘇貞昌扮演「破風手」，帶領著行政團隊，擋下風雨，護國衛民，讓台灣能繼續向前衝刺。

二〇二三年一月三十日，蘇貞昌率領內閣總辭。身為民選總統以來任期最長的行政院長，蘇貞昌有感而發：

「從二〇一九年一月十四日起，我在這裡和大家一起。每一天，我們真的是殫精竭慮、盡心盡力，我們真的是窮盡一切面對各種不一樣的挑戰。全心為這個國家、為這塊土地、為人民。」

人生劇本全力以赴 總統：蘇貞昌是最有魄力最會做事院長

2023/1/27 12:01（1/27 12:10 更新）

行政院長蘇貞昌（右）請辭，總統蔡英文（左）27日在總統府召開記者會宣布新任院長由前副總統陳建仁接任，蘇貞昌在會中致詞表示，他非常感謝國人同胞的支持、蔡總統的信任、立法院的指教和支持，以及行政團隊的全力以赴。中央社記者鄭清元攝 112年1月27日

420
讚

（中央社記者陳俊華台北27日電）總統蔡英文今天說，行政院長蘇貞昌是支持她的最大力量，為國家努力寫下人生劇本，相信台灣歷史也會為蘇貞昌寫下重要篇章；總統更以感性的語氣說，蘇貞昌是最有魄力、執行力、最會做事的行政院長。

在蘇貞昌 2023 年 1 月卸任時，蔡英文總統表示，「蘇貞昌是最有魄力、最有執行力、最會做事的行政院長。」

（圖片來源：中央社）

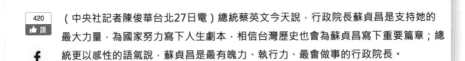

掃描看影片

「讓想生、願生的人得到政府的支持！」蘇貞昌邀請因獲得政府「不孕症補貼」而誕生的新生兒家庭，到行政院作客。
https://fb.watch/mQ1vo0H8qw/?mibextid=v7YzmG

在兩年多的全球疫情下，台灣相對衝擊較小、經濟表現較好，各項社會福利也創新高，讓全世界看到台灣民主的韌性。
https://fb.watch/mQ1puQfDqH/?mibextid=v7YzmG

「我非常非常感謝時代的機遇、總統的信任、立法院的幫忙、同仁大家的全心全力協助，讓我有幸在行政院這個最高行政機關，和各位一起走過這四年。我還是一句老話，千言萬語，鞠躬敬禮，謝謝你。」

護國四年，美好的一仗，蘇貞昌有最好的夥伴。

致謝

鞠躬，敬禮，謝謝你！

蘇貞昌

當初我掛牌當律師時還不到二十四歲，在戒嚴中走上軍事法庭，在肅殺中「為叛徒辯護」，就這樣走上政治這條路，一路到今天，五十年的歲月。

這當中的起起落落、坎坷辛苦，我內人詹秀齡從沒有一句怨言，不但讓我全然無後顧之憂，甚至從最初的選舉文宣，到今天書中的許多照片，都是她鉅細靡遺的收藏、分類、整理，隨點隨有。連這四年中午我吃的便當，都是她用心親手做的。一輩子的「牽手」，不只是感情，更多的是感謝。這本書付梓後，希望我有更多的時間「陪」她，「賠」她。

三個女兒都得到媽媽的真傳，最知道爸爸的心情。小女兒巧純最多時間陪在身邊，從事的是創意無限的互動多媒體工作，時常就科技發展的新趨勢與我交換經驗，也會介紹給

我年輕人正在追的夯劇，讓我在面對質詢或媒體採訪時，內容更加精彩豐富。二女兒巧寧在美國大學教授全球媒體和大眾傳播，越洋視訊時，我們總會討論複雜的世局變化及國際輿論走勢。大女兒巧慧不但能把國會的最新動態告訴我，又能即時反映地方百工百業的民情。這次也是由她發想、聯繫、籌組這個寫書的計畫，並建構整個寫書的團隊，今天才能完成付梓，而大女婿龍男以他的影視音專業見識及團隊更是支援很多，真的足感心。

謝謝陳如珍小姐負責和讀書共和國出版社聯繫。謝謝謝其濬先生手邊工作如此繁重，卻能答應邀約來寫這本書的初稿，並且快速整理出那麼多的資料、專訪、文件。能夠用那麼好的文筆、寫出團隊當時的時空背景和所想、所做，才能讓團隊進一步完整詮釋整個故事。謝謝主編吳毓珍小姐專業熱情的協助。更謝謝讀書共和國社長郭重興與總經理李雪麗對這個計畫全力的支持與關照，讓這本書能夠如期問世。我也要謝謝吳祥榮、李懷仁和李彥賦在這四年中給我很多的幫忙，在這本書撰寫、付梓的過程中也給予許多的協助，非常感謝。

四年，當然不只做這十件事。一個行政院長的每一天，從早到晚有主持不完的會議、會客、巡視、出席各種不同的場合，應對各種突發的狀況，時間的分配非常重要。我要特別感謝院長辦公室主任黃姮娥幾近藝術化的巧妙安排，還要耐著性子聽永遠接不完的電

話、陳述，又要把我的意思精準的傳發，靈活的串接，讓這四年的運作非常有效，真的感謝。也要謝謝辦公室副主任黃至羲，從第一天開始他就完整記錄了大、小事，他不但用心而且快筆、好筆，我要的任何資料，他都能在最短的時間內給我。這四年，院長的施政報告、專案報告、開會致詞，甚至許多的行程「談參」都出自他與所帶的文稿小組同仁沒日沒夜的共同努力，非常感激。

丁怡銘和他所帶領的影音小組在這四年幫忙很多，讓我看到年輕一輩的才華。怡銘不媚俗、見識多、靈活而有智慧，在我這四年的施政中給我許多好的意見，貢獻很大。這本書因為有他的用心而更精彩可讀，書名《護國四年》就是他想到把蔡總統說的「護國院長」和我這四年連接起來的，非常感激。

還有許多好夥伴，我在內文中表達感謝，又因為要感謝的人太多了，就讓我在此鞠躬敬禮，謝謝大家！

2019
2023

附錄一

蘇內閣重要施政實施前後比較

政策項目	實施前	實施後
1 婚姻平權（二〇一九年五月二十四日同婚專法上路）	1.同性不得結婚登記，亦無法享有婚姻相關權利 2.二〇一八年十一月調查，國人對同婚認同度三七・四%	1.至二〇二三年二月，同性結婚登記突破一萬對 2.二〇二三年一月十九日內政部函釋，擴大開放跨國同性婚姻 3.二〇二三年五月調查，國人對同婚認同度六二・六%（+二五・二%）
2 班班有冷氣（二〇二〇年七月七日宣布、二〇二二年一月二十三日完工、二〇二二年四月二十五日啟用）	全國國中小教室尚有六三%無冷氣，偏鄉甚至超過八成	1.改善三千一百多校電力系統 2.在三千三百多校安裝十八萬台冷氣 3.裝設智慧節能系統（EMS） 4.提高屋頂太陽光電比例 5.新種一萬四千多棵台灣原生種樹 6.（對師生）二〇二三年，啟用後的第二個夏天，全國中小學學生繼續在冷氣教室快樂學習 7.（對縣市政府）每年約九億元的冷氣電費、維護費，都由中央負擔 8.（對學校）每年全國校園光電創能所發的電，比新設冷氣用電還多出一・五億度電，以售電回饋金給學校運用

3 生生用平版

（二〇二一年十一月二十五日宣布、二〇二二年九月完成）

教室無線網路八二%，已配發平板二十一萬台

1. 教室無線網路一〇〇%
2. 新購六十一萬台平板，偏遠地區學校學生一人一機

4 偏鄉學校中央廚房大帶小

（二〇二一年四月一日宣布、二〇二二年九月供餐）

1. 供餐成本高（運輸、廚工），補助費真正能分配到食材上的少
2. 運食材車及送餐車皆無溫控設備，衛生安全有疑慮
3. 章Q使用校數比：一般學校九〇%，偏鄉學校六八%

1. 新擴建中央廚房一百六十七個，供應七〇三校；食材聯合採購服務六百一十多校
2. 提高偏鄉學校食材費補助，從六元到十元，再到十四元，讓每位學生一餐可吃到六十二元
3. 統籌運用廚房人力，智慧化午餐運送物流管理
4. 學校使用章Q食材佔比已達九八%

5 汰換及新購娃娃車補助

（二〇一九年六月宣布）

全國娃娃車約三千八百輛，每年車齡屆滿十年平均約三百～四百輛，過去政府只規定屆齡上路會取締，但從未有過補助

補助車價的四成，約三十六萬元

- 二〇一九～二〇二三年，已累計補助超過一千七百輛，約佔全國娃娃車總數的一半，促進幼兒園汰換或新購安全合格娃娃車接送幼兒

6 擴大不孕症補助

（二〇二一年五月六日宣布、二〇二一年七月一日實施）

1. 只限中低收入戶
2. 每年補助不到二十件，六年誕生七個新生兒

只要妻未滿四十五歲，都可申請

- 至二〇二三年五月，補助超過五萬件，誕生超過一萬個新生兒

7 提升產檢福利

（二〇二一年七月實施）

1. 免費產檢十次
2. 健保補助超音波檢查一次
3. 有薪產檢假五天
4. 配偶有薪陪產假五天

1. 免費產檢十四次、新增妊娠糖尿病、貧血篩檢
2. 健保補助超音波檢查兩次
3. 有薪產檢假七天
4. 配偶有薪陪產檢假及陪產假七天（二〇二二年一月實施）

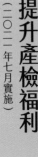

	政策項目	實施前	實施後
8	育兒津貼倍增（二〇二二年八月實施）	〇～二歲，發兩千五百元／月排富	1. 二〇一九年八月，擴及〇～四歲，發兩千五百元／月 2. 二〇二一年八月，發三千五百元／月 3. 二〇二二年八月，發五千元／月，第二胎六千元、第三胎七千元 4. 二〇二三年一月，不排富
9	放寬育嬰留職停薪（二〇二一年七月實施）	1. 夫妻必須雙方都有工作，且不能同時請領育嬰留停津貼 2. 留停津貼為六成薪	1. 夫妻不限雙方皆有工作，可同時請育嬰留停假，也可同時請領留停津貼 2. 留停津貼為八成薪
10	擴大租金補貼（二〇二二年七月實施）	1. 二〇〇八～二〇一五年，每年兩萬四千戶 2. 二〇一六～二〇一八年，每年六萬戶	1. 二〇一九年，八萬四千戶 2. 二〇二〇年，十二萬戶 3. 二〇二一年，十六萬五千戶 4. 二〇二二年，二十八萬戶（其中十萬戶為婚育家庭）
11	投資台灣三大方案（二〇一九年六月核定；二〇二二年一月核定再延長三年）	二〇一八年七月美中爆發貿易大戰，對亞太地區供應鏈產生重大衝擊	1. 二〇二〇年五月，核准投資金額破一兆元 2. 二〇二三年二月，核准投資金額破兩兆元 3. 二〇一九～二〇二二年，中央政府總決算歲入歲出賸餘連續四年超過千億，二〇二二年更賸餘將近五千億元 4. 四年稅收超過預算數一兆一百七十二億元

12

對中小企業貸款「家數」成長納入考核

（二〇一九年三月宣示）

1. 過去對銀行的考核係以貸款「額度」為指標
2. 二〇一九年貸款家數：
   - 公股行庫十三萬多家
   - 全體銀行二十四萬多家

1. 對銀行考核，兼顧貸款「家數」及「額度」
2. 二〇二二年貸款家數：
   - 公股行庫三十五萬多家（+二十二萬家）
   - 全體銀行五十一萬多家（+二十七萬家）

13

擴大水庫清淤

全台水庫年清淤總量不到六百萬噸

二〇二一～二〇二二年，每年清淤量已達一千七百～一千八百萬噸，等於多出一座寶二水庫的蓄水量

14

屏鵝公路纜線地下化

（二〇二二年七月一日動工、二〇二二年十一月二十三日完工）

1. 屏鵝公路全長一百一十二公里，過去長年來只完成四十三公里的纜線地下化，剩下的六十九公里，台電估計至少還要十年才能完成
2. 二〇一六年莫蘭蒂颱風
   - 屏東路樹倒五百五十五棵、電線桿倒四百七十五支（屏鵝公路佔八成）、電纜斷線三千處，屏鵝公路沿線停電超過二十萬戶
   - 台電動員六百五十名人力，搶修七天才全部復電

1. 十年工程半年完成
   - 完成一百三十八公里管線下地工程、埋設四百二十六公里的高低壓電力纜線
   - 拆除兩千一百四十七支電桿、調升降埋超過五千座的人、手孔
   - 路口號誌監視器纜線下地約三百處、新增號誌不斷電系統八十處
   - 沿線補換植三千三百多株喬木，及八十五萬多株老化灌木
2. 二〇二三年杜蘇芮、海葵颱風
   - 屏鵝公路纜線皆已地下化，已不再有電線桿傾倒、電纜斷線造成停電問題

15

政策項目

東港漁港與前鎮漁港

實施前

東港漁港：

1. 泊區只有三米深，只能容納一百～兩百噸的漁船，大船只能到高雄前鎮卸魚
2. 東港—小琉球航線客運量居全國之冠，有必要紓緩東港交通船碼頭壅塞情形

前鎮漁港：

1. 台灣最大的遠洋漁業基地，建港五十年，設施老舊，卸魚作業及市場批發空間重疊，易有衛生顧慮
2. 碼頭水深不足，難以讓一千～三千噸級漁船停泊卸魚
3. 每年約一萬五千人次的外籍船員到港，卻無一處可供其上岸好好休息的地方
4. 港區及周邊社區產生的廢污水都逕自排入漁港，造成髒汙及惡臭

實施後

東港漁港：

1. 一年八個月（二〇二一年三月）完工，泊區浚挖成六米深，範圍從卸魚區到加油碼頭共一千一百米，完工後一千兩百噸的大船可以出入。另外，也完成小船泊區的清淤，以及櫻花蝦拍賣場
2. 完成鹽埔漁港客貨運專區及周邊卸魚及魚貨拍賣市場、海洋廣場等建設

前鎮漁港：

1. 碼頭疏浚為七米深，可以泊靠三千噸遠洋漁船。
2. 興建一座符合食品安全衛生管制系統（HACCP）的多功能水產品運銷、冷鏈中心與觀光魚市（預計二〇二四年四月完工）
3. 興建一處外籍漁工能夠安心舒適住宿休閒的多功能船員服務中心（二〇二三年四月已完工）
4. 設置現代化的雨水、污水處理系統（二〇二三年八月已完工）

16 豬瘟防治

1. 二〇一八年八月中國爆發非洲豬瘟
2. 入境手提行李抽檢三〇%

1. 手提行李一〇〇%查驗、未繳清罰鍰不得入境，廚餘須經高溫蒸煮始得進入養豬場
2. 嚴守四年，至二〇二一年底，中國週邊十七個國家淪陷，只剩台灣及日本守住
3. 二〇二〇年六月，台灣自口蹄疫疫區除名
4. 力拚二〇二四年六月，申請傳統豬瘟非疫區

17 向山致敬（二〇一九年十月宣布）向海致敬（二〇二〇年七月宣布）

山海多處管制、分散多機關申請；國賠法造成動輒封閉步道

1. 山：除保留（護）區採總量管制外，全面開放，整建三十五座山屋，山區可通訊點從四百多處增加到一千六百處，整合推出七條「國家綠道」
2. 海：九〇．七%海岸線均已開放，海岸垃圾減少六成，友善釣點增加到一百五十多處
3. 入山入海均已建立一站式服務平台
4. 二〇一九年十二月國賠法修正，開放山域水域，經適當警告標示，國家不負或免除、減輕賠償責任

18 混摻茶取締

多年來，國產高價精品茶遭低價進口茶混充，卻取締不易

1. 二〇二三年一月起，將國產茶葉指定為應登錄溯源資訊的農產品
2. 二〇二二年十月以「茶葉中多重元素檢驗法」，破獲一百〇七噸混摻茶

護國四年
會做事的團隊，盼台灣成為幸福之地

口　　述：蘇貞昌 feat. 行政團隊
採訪撰文：謝其濬
圖片提供：蘇貞昌辦公室
專案主編：吳毓珍
封面．美術設計：Javick 工作室
美編協力：邱意惠

出　　版：遠足文化／遠足文化事業股份有限公司
發　　行：遠足文化事業股份有限公司（讀書共和國出版集團）
地　　址：231 新北市新店區民權路 108 之 2 號 9 樓
郵撥帳號：19504465 遠足文化事業股份有限公司
電　　話：(02) 2218-1417　傳真：(02) 8667-1065
電子信箱：service@bookrep.com.tw
網　　址：www.bookrep.com.tw

法律顧問 / 華洋法律事務所 蘇文生律師
印　　製 / 沈氏藝術印刷股份有限公司

2023 年 9 月 27 日初版一刷　定價：450 元　　書號：SU0B0001
2023 年 11 月 3 日初版七刷
ISBN：978-986-508-269-7(平裝)

團體訂購請洽業務部 (02) 2218-1417 分機 1124
讀書共和國網路書店 www.bookrep.com.tw

國家圖書館出版品預行編目 (CIP) 資料

護國四年 : 會做事的團隊 , 盼台灣成為幸福之地 / 蘇貞昌 feat. 行政團隊口述 ; 謝其濬採訪撰文 . -- 初版 . -- 新北市 : 遠足文化事業股份有限公司 , 2023.09
　面；　公分
ISBN 978-986-508-269-7(平裝)

1.CST: 蘇貞昌　2.CST: 臺灣政治

574.33　　112014873

附錄二

二〇一九～二〇二三年蘇貞昌院長施政大事紀

2019

月份	事項
01	◎一月十四日就任當天即赴桃園機場視察非洲豬瘟防疫，並指示入境旅客手提行李百分百檢查 ◎首批公文「第三期國家太空科技發展長程計畫」（十年兩百五十一億元） ◎一月十七日視察行庫櫃台作業，宣布存匯查核手續簡化，五十萬元以下無摺存款例行性作業應更便民
02	◎二月二十一日院會通過「司法院釋字第七四八號解釋施行法」草案，保護同性婚姻的自由平等 ◎二月二十七日宣布遠洋漁船船員適用彈性工時，不受「一例一休」制度限制，並承諾浚深東港漁港
03	◎宣示對銀行考核指標增列中小企業貸款「戶數」，解決中小企業融資不易問題 ◎三月十六日首次治安會報中，針對特種營業場所放任吸毒、聚眾鬥毆、酒駕，要求警方必須即時有效處理 ◎首度核定由政府編列預算（一〇九年編兩百億元）撥補勞保基金，保障勞工退休權益 ◎台灣脫離歐盟稅務不合作名單
04	◎核定「公立高中以下校舍耐震能力改善計畫」（三年一百六十六億元），完成改善校舍安全最後一塊拼圖 ◎核定中央全額出資購建「新台馬輪」（台灣到馬祖）（已於二〇二三年四月十六日首航）
05	◎所得稅免稅額及三項扣除額均調高 ◎五月一日起，提升警消、海巡、空勤人員醫療照護方案上路 ◎五月八日視察即將完工的澎湖第二海水淡化廠一期工程（出水量四千噸），並宣布核定增建二期工程（出水量六千噸，二〇二三年二月正式產水）

2021

◎ 為接軌國際，拓展經貿關係，八月二十八日總統宣布在守護國民健康與保障豬農收益的前提下，擴大開放美豬、美牛政策

09

◎ 核定並公布調整護照設計，提升護照上台灣的辨識度

◎ 核定「桃園鐵路地下化計畫」（一〇四八億元，二〇二一年十一月平鎮車站動工）

◎ 核定「全國備援調度幹管工程計畫」，在全國北、中、南埋設十七條新的幹管（一百四十五億元，後來增至一百九十九億元）

10

◎ 農田水利署成立

◎ 核定「宜蘭至羅東鐵路高架化計畫」可行性研究（兩百五十二億元）

11

◎ 召開「台美經濟繁榮夥伴對話」，台美簽署 MOU

◎ 核定「抗旱水源緊急利用計畫」

◎ 核定中央全額出資「澎湖輪」建造及營運計畫（已於二〇二三年九月六日首航）

12

◎ 院會通過「健全房地產市場方案」，遏止房市炒作

◎ 十二月二十三日南迴鐵路電氣化全線通車，完成環島鐵路電氣化的最後一哩路

◎ 十二月二十五日立法院通過民法「成年」下修為十八歲，二〇二三年元旦實施

◎ 核定「前鎮漁港建設計畫」（六十億元，後來增至八十一億元）

01

◎ 一月四日至台北港視察進口豬肉查驗作業，並於衛福部食藥署官網公布「豬肉儀表板」，按日揭示進口量及查驗結果（至二〇二三年八月底，自美國進口的豬肉，萊劑均零檢出）

◎ 核定「（因應貿易開放）養豬產業全面轉型升級計畫」（四年一百三十億元）

◎ 農民「三保一金」（農民健康保險、農民職災保險、農業保險、農民退休儲金）四大福利制度全數到位

02

◎ 院會通過「太空發展法」草案，促進太空產業發展

◎ 桃園－新竹備援管線完工通水

03

◎ 三月六日台電 345kV 板橋～龍潭線啟用，為北部地區提供更穩定的電力

◎ 三月二十二日率先施打全國第一劑 COVID-19 疫苗

◎ 東港漁港浚深工程完工

無懼大浪，逆風啓航，
堅定守護人民的初衷。
典章制度，百年久遠，
灣成為幸福之地。

蘇貞昌